A Vida Mística de Jesus

Sylvia Browne

A VIDA MÍSTICA DE JESUS

Uma Perspectiva Notável da Vida de Cristo

Tradução:
GILSON CÉSAR CARDOSO DE SOUSA

Editora
Pensamento
SÃO PAULO

Título original: *The Mystical Life of Jesus.*

Publicado mediante acordo com Dutton, uma divisão da Penguin Group (USA) Inc.

Dados Internacionais de Catalogação na Publicação (CIP)
(Câmara Brasileira do Livro, SP, Brasil)

Browne, Sylvia
A vida mística de Jesus : uma perspectiva notável da vida de Cristo / Sylvia Browne ; tradução Gilson César Cardoso de Sousa. – São Paulo : Pensamento, 2008.

Título original: The mystical life of Jesus.
ISBN 978-85-315-1547-7

1. Jesus Cristo – Interpretação espiritualista I. Título.

08-06744 CDD-232.9

Índices para catálogo sistemático:
1. Jesus Cristo : Interpretação espiritualista : Cristianismo 232.9

O primeiro número à esquerda indica a edição, ou reedição, desta obra. A primeira dezena à direita indica o ano em que esta edição, ou reedição, foi publicada.

Edição	Ano
1-2-3-4-5-6-7-8-9-10-11	08-09-10-11-12-13-14-15

Direitos de tradução para o Brasil
adquiridos com exclusividade pela
EDITORA PENSAMENTO-CULTRIX LTDA.
Rua Dr. Mário Vicente, 368 — 04270-000 — São Paulo, SP
Fone: 2066-9000 — Fax: 2066-9008
E-mail: pensamento@cultrix.com.br
http://www.pensamento-cultrix.com.br
que se reserva a propriedade literária desta tradução.

Para meus filhos, Chris e Paul Dufresne,

e minha querida amiga, Linda Rossi.

Amado Senhor, olha além da cegueira de nossos olhos.

Ajuda-nos a encontrar a verdade à medida que passam
os éons de tempo.

Os valores que ensinaste estão em nossa alma.

Que nosso objetivo sejam as lições de vida, o amor de Deus.

Caminha conosco, Senhor, em meio às agruras da existência.

Ameniza nossas lutas incontáveis.

Faz com que a bênção de Deus venha para todos.

Sobretudo porque Ele, em sua grandeza,
nos enviou Seu filho amado.

Meus leitores: abençôo a cada um de vocês.

Sumário

Prefácio

Às vezes é difícil a pessoa descrever a si mesma, mas, como muitos de vocês já sabem, sou o que o mundo chama uma paranormal. Nasci em Kansas City, Missouri, em 1936, e herdei meus dons psíquicos de minha querida avó e de uma longa linhagem de ancestrais que remonta a mais de trezentos anos. Na juventude, fui testada várias vezes por médicos e cientistas: todos chegaram à conclusão de que eu realmente possuía habilidades psíquicas incontestáveis. Aplicavam-me termos como clarividente, precognitiva, clariaudiente, profetisa, sensitiva e médium. Embora eu conhecesse mais ou menos as definições dessas palavras, quando jovem na verdade não as entendia muito bem, sobretudo porque se referiam a mim. Supunha apenas que talvez fosse maluca ou mentalmente perturbada.

Menina ainda, sentia coisas, via coisas, ouvia coisas que, não raro, me assustavam. Se não fosse por minha avó Ada, acho que me enclausuraria numa concha e me isolaria do mundo. Mas, graças aos amorosos conselhos de vovó (e, temo eu, para grande desgosto dos meus pais)[...] isso não aconteceu. Eu era uma pessoa um tanto difícil — precoce, extrovertida, espalhafatosa, enérgica, curiosa e tagarela. O fato de falar demais me causou inúmeros problemas, pois, quando sentia coisas, logo ia comentá-las com minha família ou mesmo com estranhos. Não chegava a entender por que meu pai escondia o rosto nas mãos e minha mãe, virando-se para ele, exigia que tomasse alguma providência em relação a mim. Bem sei que foi difícil para meus pais educar-me, pois eu sempre fazia proezas que os embaraçavam. Algumas pessoas podem ter considerado meu comportamento "atraente" ou "encantador"; outras, porém, devem ter visto em mim simplesmente uma "chata".

Eu tinha oito anos quando minha guia espiritual, Francine, fez contato comigo pela primeira vez. Ouvir as palavras: "Venho da parte de Deus e você não tem nada a temer" quando ninguém se achava por perto foi realmente aterrorizante e eu logo corri para junto da vovó, chorando. Desse dia em diante o meu dom de clariaudiência jamais deixou de se manifestar e Francine, ao longo dos anos, me deu conselhos e me consolou. Disse-me, no começo, que não me ajudaria com minhas habilidades, pois elas precisavam desenvolver-se por si, e ainda hoje não me auxilia em minhas leituras nem responde a perguntas de grupos ou do auditório a quem faço palestras.

Tornei-me consciente da minha capacidade mediúnica durante uma aula de hipnose, no final da adolescência. Felizmente estava acompanhada de alguns amigos íntimos, com quem crescera e a quem já falara a respeito de Francine. O professor iniciou a sessão de hipnose em grupo e logo eu mergulhava no transe. Então, pela primeira vez, Francine ocupou meu corpo. Apresentou-se prontamente a meus perplexos amigos e deu-lhes certas informações a fim de se convencerem de que quem falava não era eu. Quando retomei a consciência, eles me contaram o que sucedera e eu fiquei furiosa. Estava confusa, irritada, amedrontada. Francine procurou me acalmar. Explicou coerentemente que tivera de fazer aquilo para me pôr a par de minha mediunidade, dom que sob nenhum aspecto era prejudicial. Não ignorava que eu jamais lhe permitiria agir diferentemente para comigo. Para falar a verdade, ela sem dúvida estava certa, pois na época era até provável que eu fosse louca mesmo. Fizemos um acordo naquele dia: Francine jamais entraria de novo em meu corpo mergulhado em transe sem minha permissão. Cumpriu o prometido.

Como muitos dos leitores já sabem, escrevi diversos livros sobre temas variados, tratando de espiritualidade, Deus e paranormalidade. Muitas das informações eram desconhecidas até a data e surgiram de pesquisas em transe com Francine. Com o passar dos anos, ela me forneceu dados com os quais poderia encher milhares de páginas. Alguns eram bastante controversos e obrigaram-me, como a tantos outros, a aprofundar as investigações em busca de confirmação, pois sempre fui uma "cética de mente aberta", por assim dizer. Quase sempre pude verificar, em graus variados, a informação fornecida. Mas vezes houve em que isso não foi possível devido à carência de documentação consistente. Isso era, na melhor das hipóteses, um jogo, pois quanto mais remontamos no tempo ou na história, mais obscura a documentação se torna. Ficamos então às voltas com lendas, mitos, corrupções, mentiras, enganos e tradições. Por isso, nem sempre era fácil verificar as informações de Francine. Muita coisa que supomos verdadeira (na história e em outras áreas) tem tantos pontos fracos que às vezes balançamos a cabeça e nos perguntamos como pôde ser aceita. Isso é especialmente grave quando estamos pesquisando e recolhendo informação em matéria religiosa.

A religião é tão subjetiva, tão embebida em crenças tradicionais e históricas que em muitos casos torna-se difícil separar a verdade da ficção. Acrescente-se a isso o fato de que todas as grandes religiões têm episódios sangrentos de corrupção, cismas e guerras santas, com diferentes seitas e facções constantemente surgindo e desaparecendo, o que complica tudo. Graças a Deus, numerosos eruditos, escritores e historiadores estão mostrando interesse renovado pelas religiões, principalmente o cristianismo. Graças a novas descobertas em arqueologia e a livros como *O Código Da Vinci*, de Dan Brown, conseguiu-se lançar alguma luz sobre controvérsias que permaneciam sem resposta no cristianismo e em outras religiões.

Com isso em mente, quando meu editor me pediu para escrever um livro sobre Jesus Cristo e sua vida, fiquei perplexa e sem palavras. Já provocava muita controvérsia e lá vinha ele querendo que eu escrevesse sobre nosso Senhor? Por ser cristã gnóstica, muita gente já me considera herética, mas a encomenda sem dúvida iria acirrar as críticas e o ceticismo; seria uma tarefa assustadora e muitas vezes perigosa.

Então refleti um pouco sobre minha própria vida. Dedicara-a a Deus; tentava descobrir a verdade sobre nosso Criador ajudando os semelhantes com meus livros, meu aconselhamento e minhas palestras. Decerto tenho falhas, mas sempre procurei ser solidária com os outros na medida de minhas possibilidades. O novo livro não iria pôr em risco essa boa obra? Considerando meus conhecimentos e minhas crenças, teria de dizer a verdade tal qual ela se me afigurava e essa verdade inevitavelmente provocaria controvérsia. Mas, no fim das contas, não é para isso que estou aqui?

Dediquei minha vida a ensinar e amparar o próximo, ajudando-o até onde consigo em nome de Deus. Escrever sobre uma figura tão sagrada quanto Jesus Cristo pode ser insensatez de minha parte; mas maior insensatez seria não divulgar a verdade a respeito dele e de suas obras divinas, para que as pessoas entendessem seus ensinamentos e sua origem. Em vista dessa finalidade, o presente livro contém verdades verificáveis e, quando a verificação não é possível, apresenta informação lógica e confiável fornecida por minha guia espiritual, Francine. Em mais de sessenta anos de convívio e trabalho com ela, nunca a surpreendi tentando enganar-me: Francine traz consigo a sabedoria e o conhecimento do Outro Lado.

Neste livro, o leitor encontrará muita coisa que "sacudirá sua gaiola", "balançará seu barco" e "abalará sua árvore". Em outras palavras, há inúmeros fatos em relação à vida de Cristo, no meu entender verdadeiros, que contradizem as lições tradicionais do cristianismo. Mas a verdade é a verdade e podemos senti-la concretamente dentro da nossa alma quando nos abrimos para ela. Isole-se da verdade ou insista em não reconhecê-la e se verá escravo das forças da decepção e da mentira; sua alma então sofrerá. Disse Jesus: "A verdade vos libertará" (João, 8:32); mas você precisará *aceitar a verdade* para que ela consiga libertá-lo. Eu sou livre como um pássaro voando aos quatro ventos. E você?

A Vida Mística de Jesus

CAPÍTULO 1

Nascimento e Infância

A vida de Jesus Cristo tem inspirado mais livros do que poderíamos contar e muito menos ler. O que me proponho aqui é transmitir ao leitor fatos reais, comprovados pelas descobertas mais recentes dos estudiosos e pela informação vinda do Outro Lado graças à minha guia, Francine. Em muitos casos as fontes concordam, em outros, não; mas os fatos serão apresentados objetivamente para que o leitor possa tirar suas próprias conclusões. Boa parte do material de Francine já tem mais de trinta anos e ficou retida até a época certa para sua divulgação. Desde já quero esclarecer o seguinte a respeito desse material, de modo a não haver equívocos: *nenhuma informação aqui prestada pretende negar a divindade de nosso Senhor.* Sempre acreditei, e acredito ainda, na divindade de Jesus Cristo — e a meu ver nenhuma informação fornecida neste livro pode ameaçá-la.

Julgo apenas que já é tempo de relatar não só a verdadeira história de Cristo e sua missão como a de como ele viveu e morreu, tanto quanto a mensagem autêntica que quis transmitir. Ao contar a vida de Cristo, não levaremos em conta unicamente os três anos de sua existência, de conhecimento geral, mas investigaremos os "anos perdidos" e também aqueles sobre os quais ninguém sabe nada.

O leitor, como digo sempre, é convidado a recolher aquilo que desejar e pôr de lado o resto, mas mantendo a mente aberta para o que irei transmitir a respeito de nosso Senhor. Sinto, do fundo do coração, que muitos dos fatos e pesquisas ampararão o conhecimento que vou apresentar; assim o leitor, do fundo de seu coração e alma, fará suas próprias deduções.

Comecemos pelo começo: Cristo não nasceu numa manjedoura. Sim, na época os romanos faziam um recenseamento, e cidades e aldeias estavam apinhadas daqueles que tinham de inscrever-se nos termos da lei. Mas mesmo com a superpopulação sobravam, para os ricos, acomodações nas estalagens. José era descendente direto da casa real de Davi (Mateus 1:1-16) e tinha de registrar-se juntamente com sua esposa, Maria, em Belém, a chamada Cidade de Davi. Ambos provinham de famílias judias nobres e prósperas, de sorte que Jesus nasceu numa estalagem e não num estábulo, rodeado de animais. É preciso ter em mente, ao contrário do que se costuma dizer, que Jesus não era de uma família pobre e ignorante.

O povo de Belém acolheu Maria e José com entusiasmo. O fato de essas duas famílias reais terem se unido para produzir um herdeiro foi um evento maravilhoso. Israel, na época, era um emaranhado de pequenas comunidades onde as notícias corriam rápido, por obra de arautos e menestréis errantes. Quase todas as pessoas souberam imediatamente do nascimento de Jesus e exultaram.

Quase todas esperavam que ele fosse o Salvador, pois vários profetas antigos haviam previsto um líder de ascendência real que as libertaria do jugo romano.

Quando Cristo nasceu na estalagem, divulgou-se que aqueles dois membros da realeza haviam possivelmente dado vida ao Salvador apontado nas profecias. Poderia se supor, conforme lemos no Evangelho de Lucas, que uma pobre família camponesa seria admitida no Templo para apresentar o recém-nascido ao Bendito e Abençoado? Não: se quisesse ser admitida, a família tinha de levar oferendas e dinheiro. Portanto, foi uma família real que apresentou Cristo no Templo. Aquele era um país de pequenas comunidades e, como em todas as comunidades, as pessoas se juntavam por classes. As famílias ricas e nobres conviviam, ajudavam-se umas às outras, casavam-se entre si e, portanto, conheciam-se bem. Encaremos os fatos: não somos íntimos da rainha Elizabeth, nem mesmo dos Hiltons ou dos Rockefellers. Eles se mantêm em seu próprio círculo. O mesmo acontecia na época.

José, de família real, não podia ser pobre. Era um artesão especializado. Pessoas vinham de perto e de longe para encomendar-lhe móveis sob medida. Devia ser honroso para qualquer pessoa adquirir uma peça fina de alguém de sangue nobre. Minha guia espiritual, Francine, afirma que José tinha nada menos do que trinta operários treinados para ajudá-lo a fabricar e vender suas peças.

Mas, antes de prosseguir, examinemos a concepção de Jesus por Maria. A premissa do nascimento virgem é veementemente contestada pelos estudiosos bíblicos. Eruditos liberais acham que essa história é pura lenda, extraída de outras religiões pagãs da época. Na mitologia grega, Zeus teria engravidado Dânae, então donzela, assumindo a forma de uma chuva de ouro; o resultado foi Perseu. Fez o mesmo a Sêmele, também donzela, sob a forma de raio; o resultado foi Dionísio. Hórus, grande deus da religião egípcia, nasceu da virgem Ísis — coincidentemente, num estábulo. Mitra, figura principal do mitraísmo, cujo culto era dos mais importantes em Roma, foi concebido quando Deus, sob a forma de luz, adentrou uma donzela. Mirra também era virgem quando concebeu Adônis, na mitologia fenícia. Como se vê, o conceito desse tipo de nascimento não era novo e suas lendas permeavam as culturas do tempo.

Só os evangelhos de Mateus e Lucas mencionam o nascimento virgem, e ambos são datados pelos estudiosos como posteriores ao evangelho de Marcos e às epístolas de Paulo. Nem Paulo nem Marcos mencionam o fato. Por que não?, perguntam os estudiosos. Mateus baseia a história numa profecia de Isaías (Isaías 7:14), a qual, no entanto, afirma expressamente que o nome do menino será Emanuel e não Jesus. Sustentam alguns que essa profecia na verdade se refere a outra criança, citada mais adiante no mesmo livro (Isaías 8:3-4), e de modo algum diz respeito ao Messias. De fato, como logo veremos, muitas das chamadas profecias concernentes ao Messias são muito duvidosas e foram flagrantemente mal-interpretadas. Não sou eu quem o diz: são os estudiosos da Bíblia. Paulo, em Gálatas 4:4, afirma: "*Vindo, porém, a plenitude do tempo, Deus enviou seu filho, **nascido de mulher**, nascido sob a lei, para resgatar os que estavam sob a lei, a fim de que recebêssemos a* *adoção de filhos*". Segundo vários eruditos, essa mensagem significa que Jesus era um menino judeu normal, chamado por Deus. Se, com efeito, Maria era virgem, por que Paulo não o disse? Por que empregou a palavra "mulher"?

Conforme veremos ao longo do livro (e o mesmo se dá em outras obras sobre Jesus), muitos dos fatos da vida de Cristo se baseiam na Bíblia. Isso é bom até certo ponto. Afinal, por muitos anos, ela foi a única fonte ao nosso dispor que trazia relatos substanciais de ao menos um período da vida de Jesus. Mas quase ninguém pesquisou a Bíblia a fundo e o modo como ela surgiu, assim como quase ninguém pesquisou as origens do cristianismo. A Bíblia é considerada pelos cristãos um livro sagrado e a palavra de Deus; mas inúmeros estudiosos mostraram que ela pode trazer inconsistências, erros e até falsidades!

Devemos nos lembrar de que, historicamente, a Bíblia só tomou a forma atual após o Concílio de Nicéia, em 325 d. C. — ou seja, cerca de três séculos depois da época de Jesus. Ora, três séculos são muita coisa. Não bastasse isso, ela foi organizada pela primitiva Igreja Católica e posteriormente editada, reescrita e purgada daquilo que o clero antigo julgava herético e impróprio para seus fins. Pense-se que até hoje ninguém sabe *quem realmente escreveu* os quatro evangelhos do Novo Testamento!

Os estudiosos bíblicos supõem que os de Mateus, Lucas e Marcos foram escritos pela mesma mão, pois o estilo é similar, como similares são as histórias, e que o de João se deve a outro autor, porquanto o estilo difere e são relatados episódios novos da vida de Cristo. Não sei quanto a você, mas imagino um monge mirrado, cem anos depois de Cristo, escrevendo essas histórias que conhecemos como os evangelhos do Novo Testamento. Não farei um longo tratado sobre a maneira como a Bíblia foi escrita ou organizada; direi apenas que, no tocante ao Novo Testamento, seu material e seus começos e escritos são altamente suspeitos, altamente preconceituosos, tendo sido formulados e editados pela primitiva Igreja Católica. Em suma, como sempre, o homem se meteu no negócio e atrapalhou tudo.

A Bíblia foi escrita e organizada numa época de extrema ignorância, quando a maior parte da população era bronca e analfabeta. A primitiva Igreja Católica também tentava organizar-se, enfrentando constantes disputas internas de ordem teológica e política, com cristãos paulinos (que seguiam os ensinamentos de Paulo), cristãos judeus (que cultivavam as crenças do irmão de Jesus, Tiago) e cristãos gnósticos (adeptos da gnose) lutando pelo poder e a preeminência dentro da estrutura da igreja. A disputa foi finalmente decidida quando o imperador romano Constantino adotou o cristianismo de Paulo como religião de Estado, no início do século IV d.C.

Ao sustentar que a Bíblia é sua fonte de verdade quando reivindicam fatos extraordinários como o nascimento virgem, os cristãos devem considerar que as pessoas cultas de hoje (não tratamos mais com uma ralé inculta) exigem provas à altura. O velho provérbio segundo o qual "se está na Bíblia, não se discute" já não persuade todos os fiéis. Os estudiosos encontraram na Bíblia erros, absurdos e mentiras demais para que ela permaneça como o *único* e incontestável manancial da verdade. Várias descobertas arqueológicas vieram consolidar a postura desses estudiosos e até lançaram nova luz sobre a época de Cristo.

Eu não dou crédito às pesquisas de eruditos cristãos francamente tendenciosos, pois seu trabalho é contaminado por sua crença; nem levo em conta os dados de estudiosos céticos e anticristãos, igualmente tendenciosos. Procuro aproximar-me de pesquisadores mais objetivos, que não têm por que adotar uma ou outra posição e estão realmente em busca da verdade. Infelizmente, hoje em dia, é difícil encontrar gente assim.

Voltando ao nascimento virgem de Cristo, Francine afirma que ele não foi virgem de modo algum e que José realmente engravidou Maria. E acrescenta que isso nem de longe compromete a divindade de Jesus porque Deus é o único capaz de possibilitar a geração de uma criança e escolheu Maria para ser a mãe de Cristo — seu porta-voz e mensageiro direto. Essa é, sem dúvida, uma dedução lógica à luz do fato de que todos nós escolhemos nossos pais e mães quando encarnamos — e não sei de nenhum nascimento virgem jamais registrado. Francine explica que os autores dos evangelhos de Mateus e Lucas se valeram da mitologia do nascimento virgem para tornar o de Jesus ainda mais divino, não deixando que fosse superado por mitos semelhantes em outras religiões.

A Bíblia, na verdade, confirma isso de certa maneira. Segundo Mateus e Lucas, Maria e José teriam consciência da divindade do menino que ela acabara de pôr no mundo e sabiam que seu nome deveria ser Jesus. Ora, então por que questionaram os atos do filho? Em Lucas 2:42-51 vemos Cristo no templo, aos doze anos de idade, pregando aos sábios; José e Maria, que o tinham perdido de vista, surpreendem-no em plena pregação e repreendem-no pela escapada. Acho os versículos 49-50 muito interessantes, especialmente no ponto onde Jesus lhes diz que está no mundo para cumprir a vontade do Pai — e eles não o compreendem. Não compreendem por quê? Não sabem acaso que ele é o Messias, o mensageiro divino de Deus? José fora disso informado por um anjo, em sonhos (Mateus 1:18-24), e Maria pela visitação de Gabriel (Lucas 1:26-38). Agora o leitor já percebe como a Bíblia pode ser inconsistente.

Muitas religiões parecem insistir no nascimento imaculado, sem a intervenção masculina. As mulheres eram pouco mais que nada no tempo da vinda de Jesus ao mundo. Os patriarcas da sociedade exaltavam-nas quando isso lhes parecia útil; caso contrário, desprezavam-nas como impuras. Se analisarmos o fato do ponto de vista espiritual, é sempre a mão de Deus que nos dá o ser. Assumimos vida terrena quando precisamos nos aperfeiçoar para Deus ou, como no caso de Cristo, quando recebemos dele uma missão.

José aparece confuso na Bíblia porque era bem mais velho que Maria e não se julgava capaz de gerar filhos. Maria tinha apenas dezesseis anos e ele, quase quarenta — o que, naqueles dias, era uma velhice avançada. A essa luz, todos fomos concebidos pela mão imaculada de Deus a fim de aprender alguma coisa na Terra. Se Deus quer que aconteça, acontece. É a chamada intervenção divina.

Veja-se Isabel, irmã de Maria: ela deu à luz João Batista numa idade em que as mulheres da época já haviam supostamente passado da fase reprodutiva. João nasceu cerca de seis meses antes de Jesus, era seu primo e tornou-se o grande profeta, o grande batizador conhecido como "a voz que clama no deserto". Ele anunciou também que Cristo era o verdadeiro Messias enviado por Deus. As famílias de Jesus e de João destacavam-se na comunidade em virtude de sua linhagem real e muitos viam em João o Messias.

Cristo nasceu no mês de junho, segundo Francine. Os antigos cristãos davam a seu nascimento datas diferentes, inclusive nos meses de maio e abril. Os primeiros Pais da Igreja, por fim, estabeleceram-na em 25 de dezembro porque esse era o dia especialmente sagrado em que os romanos celebravam seu deus solar e seu solstício de inverno (o nosso cai em 21 de dezembro). Os romanos comemoravam a data como um tempo de renovação e renascimento, de modo que a Igreja, como em muitas outras ocasiões, requisitou um feriado pagão e cristianizou-o. Eis apenas um exemplo de como a Igreja alterou datas, épocas e fatos em benefício de suas próprias finalidades políticas e financeiras. Voltaremos a esse assunto mais adiante.

A Bíblia nos fala também da visita dos Magos ao menino, da estrela de Belém e dos anjos aparecendo aos pastores para proclamar seu nascimento. Aqui, de novo, Mateus e Lucas contam histórias que Marcos e João omitem. No evangelho de Mateus, lemos que os três Magos (ou sábios) vieram do Oriente seguindo a estrela e, na corte, perguntaram ao rei Herodes: "*Onde está o recém-nascido rei dos judeus? Porque vimos a sua estrela no Oriente e viemos adorá-lo*" (Mateus 2:2). Herodes ficou perturbado com a notícia porque era ele o rei dos judeus e não queria saber de pretendentes cobiçando sua coroa. Ordenou aos sábios que fossem procurar o menino e voltassem a dizer-lhe onde se encontrava, para também ele o adorar; mas, como todos sabemos, o que pretendia era eliminar o recém-nascido para que sua hegemonia não se visse ameaçada. Os sábios se puseram a caminho e, sempre seguindo a estrela, chegaram a Belém (a fim de cumprir uma profecia), onde depararam com o Cristo menino, reverenciaram-no e lhe deram ouro, incenso e mirra. Conta-se então que tanto os sábios quanto José receberam mensagens em sonhos: eles não deviam retornar para junto de Herodes e José precisava fugir para o Egito, pois do contrário o rei mataria Jesus. Mateus relata que José e Maria pegaram o menino e partiram.

Ora, eis-nos de novo diante de uma inconsistência da Bíblia. No evangelho de Lucas, José e Maria levam a criança ao templo, a fim de ser abençoada e santificada, e em seguida regressam a Nazaré. No evangelho de Mateus, os três partem para o Egito com receio da cólera de Herodes. Não poderiam estar em dois lugares ao mesmo tempo; em qual deles estiveram então? E há mais: caso tivessem levado o menino ao Templo, Herodes, que o procurava, não ficaria sabendo? Lucas afirma que após a purificação no Templo eles voltaram para a cidadezinha de Nazaré, na Galiléia, onde Jesus cresceu, ele não faz nenhuma menção à fuga para o Egito e à cólera de Herodes. Ora, como Herodes só morreu quase quatro anos depois, por que Lucas omite o fato de ele constituir uma ameaça ao menino Jesus? A história de Mateus não seria uma completa manipulação dos fatos, para que a profecia se aplicasse a Cristo? Muitos estudiosos acham que sim.

Mateus, em especial, declara enfaticamente que Herodes eliminou todas as crianças do sexo masculino de dois anos para baixo em Belém, na esperança de destruir o recém-nascido "rei dos judeus" (Mateus 2:16). Esse ato devia supostamente cumprir outra profecia. Mateus conta então que um anjo apareceu a José em sonhos, no seu exílio egípcio, e mandou-o voltar a Israel (a fim de cumprir mais outra profecia) porque Herodes morrera. José parte então com a Maria e Jesus para Nazaré (outra profecia!), onde Jesus cresce em segurança. Parece, pois, que o evangelho de Mateus foi escrito com a intenção óbvia de justificar os avisos proféticos dos judeus no que dizia respeito ao Messias, pois faz cumprir, uma por uma, todas as profecias. O evangelho de Lucas não chega a tanto e é uma narrativa bem mais pacífica.

Lucas não menciona a estrela de Belém nem os Magos presentes no nascimento do Cristo; fala apenas dos pastores a quem os anjos apareceram para anunciar o nascimento com uma luz celeste. Mateus não conta nada sobre anjos proclamando o nascimento aos pastores (talvez porque não houvesse nenhuma profecia sobre isso). Esses dois relatos distintos do nascimento de Cristo e dos anos que se seguiram conflitam um com o outro, especialmente no que tange ao papel de Herodes e suas ameaças à segurança do Cristo. Parece muito provável que, se o rei quisesse mesmo matar Jesus, ele o teria feito quando bem entendesse durante seus primeiros quatro anos de vida. A cidade de Nazaré ficava pouco mais de noventa quilômetros de Jerusalém, e Belém era ainda mais perto, estando ambas, portanto, ao alcance de Herodes.

Como veremos, esse é provavelmente o primeiro de muitos relatos conflitantes sobre Cristo no Novo Testamento. Situações assim é que geram a possibilidade das mentiras e farsas tantas vezes desmascaradas pelos estudiosos da Bíblia. Haveremos de dar crédito a semelhantes histórias quando, ao que tudo indica, fornecem versões que se anulam mutuamente? Os eruditos que defendem a Bíblia recorrem sempre ao argumento da "omissão" para explicar o paradoxo. No caso, diriam que Lucas apenas deixou de mencionar o episódio de Herodes e da fuga de José e Maria para o Egito. Argumentos desse tipo abalam nossa credulidade porque a "omissão" é grave.

Francine explica que o evangelho de Lucas é bastante acurado e que essa seção em Mateus foi fabricada para fazer cumprir a profecia. Em outras palavras, quem a inseriu no evangelho de Mateus inventou do começo ao fim a história de Herodes e da fuga do Egito. Francine explica ainda que há partes incorretas nos dois evangelhos, embora o de Lucas siga mais de perto o que realmente aconteceu. Ela afirma que surgiu uma supernova no céu por ocasião do nascimento de Jesus e que muitas pessoas foram reverenciar, homenagear e presentear o recém-nascido — mais ou menos como acontece hoje em ocasiões semelhantes. Os três Magos, diz ela, eram na verdade mercadores ricos das vizinhanças e não houve nenhum anjo anunciando o nascimento a nenhum pastor. Francine afirma também que Cristo foi mesmo levado ao Templo a fim de ali receber a bênção e a santificação, segundo a lei e os costumes judaicos.

Quase não se fala da infância de Jesus nos evangelhos. O de Lucas relata sua pregação no Templo aos doze anos de idade, mas isso é tudo o que lemos nos evangelhos. A história da pregação de Jesus no Templo confirma o que eu já disse e é outro exemplo de como os contemporâneos de Jesus o viam, atribuindo-lhe uma natureza superior. Acreditar-se-ia que um menino fosse admitido naquele local mesmo para escutar os mais velhos, quanto mais para lhes dar lições? É claro que não, mas Cristo era de linhagem real, vinha de uma família próspera e logicamente, por deferência, foi recebido no templo. Quando, conforme vimos, seus pais o encontraram ali e ele lhes disse: "Não sabeis que me convém tratar dos negócios de meu pai?", José e Maria não o compreenderam. Isso mostra, porém, que Cristo de algum modo tinha consciência do seu futuro papel como líder e mestre de homens. Quem lá estava eram anciãos, teólogos do Sinédrio, legisladores de Israel que ficaram subjugados, atentos ao que o menino de linhagem nobre lhes ensinava. Qualquer outro garoto seria considerado um traquinas, um pobre fedelho petulante que não tardaria a ser expulso do recinto sagrado. Mas um rapazinho de sangue real, esse ninguém se atreveria a pôr para fora.

Já na época Jesus tentava transmitir a verdade aos membros do Sinédrio. O evangelho de Lucas lhe atribui a idade de doze anos na ocasião, mas minha guia esclarece que o incidente ocorreu quanto ele tinha por volta de dez. Não creio que isso seja importante, exceto pelo fato de revelar que Jesus já possuía um conhecimento difuso e estava consciente de sua missão em nome de Deus. É o que se percebe em sua declaração sobre os "negócios de meu pai". Referia-se a Deus e não a José, é claro.

Antes do incidente no templo, Jesus era um menino judeu normal que ajudava o pai em sua grande marcenaria, fabricando móveis. Garoto como os demais, brincava com seus irmãos, suas duas irmãs, seus amiguinhos e seus parentes como o primo João, que mais tarde se tornaria o Batista. Entre os amigos contava-se Maria Madalena, que conheceu desde pequeno porque ela pertencia também a uma família abastada. Jesus e Madalena foram na verdade namorados de infância e seu amor, nem é preciso dizer, era inocente devido à tenra idade. Explicarei mais adiante como Maria Madalena acabou sendo confundida com Maria de Betânia e amargou o estigma de prostituta.

Há uma história escabrosa, que circulou durante algum tempo, segundo a qual Jesus matou passarinhos com um estilingue, só para se divertir. Nada menos razoável em se tratando de alguém que Deus escolheu para seu emissário. Francine conta que ele apenas encontrou uma ave com a asa quebrada e curou-a. Foi a primeira vez que Ele usou seus poderes de cura. Francine conta também que, quando criança, ele curou um cão hidrófobo. Isso não surpreendeu ninguém, pois todos sabiam intuitivamente ou por observação que aquele era um menino abençoado por Deus.

Ao crescer, Jesus teve professores particulares e freqüentou com assiduidade o Templo para aprender a lei ritual dos judeus e o idioma hebraico, pois, como a maioria do povo da região, falava e escrevia o aramaico. À medida que ia adquirindo cultura, não apenas na legislação e tradição judaicas, graças às visitas ao Templo, mas também em outros assuntos e filosofias ensinados por seus mestres, Jesus tornava-se cada vez mais irrequieto. Embora continuasse ajudando o pai no negócio de móveis, aperfeiçoando-se no ofício da carpintaria, sabia estar destinado a algo maior.

Segundo Francine, entre os catorze e os quinze anos, ele comunicou aos pais que desejava viajar e conhecer outros países para estudar-lhes as religiões. Maria e José não gostaram nada da idéia, mas Jesus insistiu que aquilo era necessário ao cumprimento de sua missão. Eles então concordaram, com relutância, e lhe deram por companhia dois empregados da casa e dois de seus irmãos, Tiago e João, além de supri-lo com dinheiro suficiente. Naqueles tempos não era incomum que adolescentes assumissem as responsabilidades da idade adulta. As mulheres se casavam em tenra idade e logo começavam a ter filhos porque a perspectiva de vida era muito curta. Os rapazes se transformavam logo em homens e passavam a trabalhar pelo sustento da família, quando não formavam a sua própria.

Chegamos assim ao final da infância de Cristo. Ele agora iniciava um período de viagens e aprendizado, preparando-se para o que estava por vir. A essa fase se deu por muito tempo o nome de "os anos perdidos de Jesus", mas deve ter sido a mais gratificante, a mais feliz de sua vida. Foram os anos em que ele construiu uma sólida base intelectual e filosófica, a qual iria passar adiante em seus ensinamentos e, como todos sabemos, mudar o mundo.

CAPÍTULO 2

Os Anos Perdidos de Jesus

Pode-se imaginar quão assustador deve ter sido para Jesus, aos catorze ou quinze anos de idade, sair de casa a fim de explorar o mundo? Assustador e divertido, pois agora podia ampliar seus horizontes para além das cidadezinhas de Nazaré e Belém, e mesmo da capital, Jerusalém. Não mais o tédio de uma localidade insignificante como Nazaré, não mais um trabalho que ele sabia não ser o seu, na marcenaria do pai. Ele iniciava uma grande aventura e pressentia, no íntimo, que teria de obter e reunir o máximo de informação possível das diversas culturas e povos dispersos ao longo da jornada.

Mas, antes de relatar as viagens autênticas de Jesus, falemos de algo que nem teólogos nem eruditos costumam discutir a seu respeito — ou seja, o fato de ele possuir habilidades paranormais. Não é curioso que ninguém, no mundo acadêmico ou religioso, jamais tenha examinado essa idéia? Se por temerem ser ridicularizados por seus colegas ou, no caso dos teólogos, ser considerados heréticos, não importa; o fato é que ninguém realmente abordou o assunto, embora o senso comum deixe bastante claro que Cristo devia ter alguns, se não todos, os talentos e habilidades paranormais.

Sendo eu mesma paranormal, talvez possa reconhecer mais facilmente que os outros os indícios externos da paranormalidade. Para mim é óbvio que Cristo tinha poderes psíquicos. Sem dúvida, muitos estudiosos e teólogos não os reconhecem e evitam tirar conclusões a respeito, motivo pelo qual jamais tratam do assunto em seus estudos. Mas permanece o fato de que há evidências suficientes, nos escritos sobre Jesus, de sua capacidade psíquica.

Em primeiro lugar, os atos de Cristo indicam claramente que ele mantinha algum tipo de comunicação com Deus. Francine afirma que Jesus possuía a clariaudiência, podendo ver e ouvir Deus diretamente, e que Deus entrou pela primeira vez em contato com o menino quando este tinha apenas quatro anos de idade. (Dirão os céticos: "Lá vem ela de novo!" e sustentarão que, se Cristo ouvia vozes, era provavelmente esquizofrênico.) Coisa interessante, estudiosos e teólogos parecem à vontade com o desfile interminável de profetas que, no Velho Testamento, estão sempre propagando as mensagens de Deus. Esses profetas são mesmo citados abundantemente em evangelhos como o de Mateus. Acaso questionamos a maneira como obtiveram sua informação de Deus? Não, não questionamos; apenas aceitamos esses profetas como parte da história e *presumimos* que falavam em nome do Senhor.

O que vem a ser, afinal de contas, um profeta? O profeta é aquele que prevê acontecimentos futuros ou transmite mensagens de uma divindade. Na terminologia de hoje, ele é um clarividente, um paranormal, um médium ou um clariaudiente. Adivinhos, videntes e oráculos também se enquadram na definição de profetas porque prevêem acontecimentos futuros. Figuras religiosas como Buda ou Maomé seriam igualmente chamados de profetas, pois divulgaram mensagens de um poder superior ou divindade.

Dizer que Jesus Cristo foi profeta não é errado: ele previu acontecimentos futuros como a Paixão. Na realidade, porém, era mais um paranormal e um mestre. Ele curou muitas pessoas com seus poderes psíquicos, impondo-lhes as mãos, e suas curas milagrosas são narradas em várias passagens do Novo Testamento. Sabemos que ele era clariaudiente não só por seus atos, mas também por sua conversa com Deus no jardim de Getsêmani, onde pediu ao Pai que o aliviasse do fardo da Paixão. Deus deve ter respondido, pois Jesus suspirou: "Seja feita a tua vontade". Até agora vimos Jesus manifestar pelo menos três habilidades psíquicas diferentes: clarividência (antevisão do futuro), cura e clariaudiência (capacidade de ouvir Deus).

Lemos também sobre Jesus caminhando sobre as águas, acalmando o mar durante uma tempestade, multiplicando pães e peixes, chamando peixes às redes, transformando água em vinho, ressuscitando mortos e realizando outros muitos milagres. Há aqui, sem dúvida, a interferência de certas habilidades paranormais físicas, graças às quais Jesus podia manipular os aspectos físicos da natureza e a estrutura molecular da matéria.

Se, como reza a Bíblia, ocorreram mesmo esses milagres atribuídos a Jesus, então estamos diante de uma criatura que não apenas manifestou habilidades psíquicas como nenhum outro na história, mas também foi convocado pelo divino Criador para ajudá-lo em sua missão. O único problema que parece ocorrer não se deve a Jesus e sim às obras de homens fraudulentos, pois, como já perguntamos — é possível mesmo acreditar nos relatos da Bíblia?

Acho um pouco irônico que as próprias pessoas (os antigos cristãos) desejosas de fazer o mundo acreditar na divindade de Jesus Cristo sejam também aquelas que mais comprometeram essa divindade com seus cortes, interpolações e omissões na redação do Novo Testamento, levantando assim dúvidas quanto à sua autenticidade e veracidade. Isso se deve à Igreja, que ostenta talvez uma das trajetórias mais sangrentas e corruptas da história humana, em seu afã de conquistar a todo custo o poder e o controle. Sei que já disse isso várias vezes, mas creio que se Jesus Cristo voltasse hoje à Terra, não gostaria de ser chamado cristão. Seria um título impróprio para nosso maravilhoso Messias.

Jesus Cristo, com sua pequena comitiva, juntou-se a uma caravana de mercadores e partiu para a terra que hoje conhecemos como Turquia. Por sinal, quando eu mesma visitei esse país, descobri que os habitantes se irritam com quem nega a viagem de Jesus a Ankara, cidade onde ele esteve de novo mais tarde na vida. Achei Ankara um lugar dos mais sagrados, mais até que a maioria das igrejas, pois Jesus esteve lá. Os cristãos turcos acreditam também, piamente, na Anatola (Mãe Divina), mostrada simbolicamente até em seus tapetes, com as mãos nos quadris.

Na Turquia, Jesus estudou em Bizâncio (mais tarde conhecida como Constantinopla e hoje Istambul), sua capital. Esse era o local de encontro dos eruditos, comerciantes, artesãos e teólogos, e também onde Jesus foi apresentado pela primeira vez às diversas crenças gnósticas. Ao pregar, Jesus buscava conhecimento e sabedoria, de sorte que aprendeu em suas viagens tantas filosofias quanto pôde. Francine diz que ele se instalou numa espécie de vila, usando o dinheiro dos cofres da família. O quadro do homem pobre, pedinte — sujo, empoeirado — não é verdadeiro. Jesus usava roupas finas e viajava com acompanhantes de classe. Comia do bom e do melhor, e estudava com sábios persas e árabes. Possuía uma mente fotográfica e assimilava tudo. Em Bizâncio, fez amizade com um escriba que anotava seus pensamentos e reflexões.

Francine conta que Jesus permaneceu em Bizâncio apenas por alguns meses, mas ainda assim reuniu multidões à sua volta. É preciso considerar que, nos países orientais, as pessoas estão acostumadas com santos e profetas, especialmente quando encarregados de sua própria jornada ou missão. Muitos faquires (homens sagrados) ainda hoje percorrem a Índia disseminando sabedoria e indo de aldeia em aldeia, vivendo das esmolas que recebem. Jesus atraía multidões em virtude do seu carisma e sabedoria inata. Embora muito jovem, sempre impressionava quem vinha vê-lo.

Sua busca de conhecimento, combinada com a exuberância da mocidade, impeliu-o para o Extremo Oriente. Segundo Francine, ele deixou Bizâncio e rumou para o leste atravessando a Anatólia turca, onde assimilou a filosofia da Mãe Divina e, voltando-se para o sudeste, alcançou a região então conhecida como Mesopotâmia (Iraque) e sua capital Babilônia. Da Babilônia passou à Pérsia (atual Irã) e, sempre rumando para o leste, atravessou o Afeganistão, chegando finalmente à Índia. Como tinha dinheiro, comprava passagem nas caravanas a fim de proteger-se e tomar os melhores caminhos até seu destino.

Segundo Francine, Jesus permaneceu na Índia por quase dez anos, estudando com os brâmanes da religião hindu e também com os sacerdotes budistas. Na Índia, visitou as regiões da Caxemira e do Tibete, em busca de mestres e sábios que pudessem aprofundar-lhe os conhecimentos. Após alguns anos, enviou os irmãos de volta a Israel com a mensagem, para os pais, de que ainda ficaria estudando por lá durante um bom tempo. Os irmãos se opuseram veementemente a esse projeto, tanto que Tiago, muito próximo dele e também paranormal, sabia com toda a certeza que o caminho de Jesus Cristo seria cheio de sofrimento, dores e incompreensão. Jesus, mais ou menos, conseguiu convencê-los de que precisavam voltar, pois ele teria de cumprir sua missão, consignada nas escrituras, e explicou-lhes que eram necessários em casa, onde, cuidando dos pais, iriam prestar-lhe melhor serviço. Assim Tiago, João e os serviçais regressaram a Israel, sabendo que Jesus estudava e se preparava para o que estava predestinado a cumprir.

Francine informa que Tiago, enquanto esteve com Jesus, tomou notas e documentou até certo ponto suas viagens numa espécie de diário. E assegura também que, num futuro não muito distante, alguns desses escritos, se não todos, serão descobertos pelos arqueólogos, tal como a National Geographic Society descobriu há pouco o evangelho de Judas.

De acordo com Francine, Jesus se sentia atraído pelas filosofias orientais por causa de sua sabedoria singela e seus ensinamentos de paz. Já os irmãos tendiam para o ceticismo, pois estavam impregnados das idéias da rebelião judaica contra os romanos. Como a história nos relata, mais tarde essas diferenças se tornaram notórias, quando Tiago e João entraram para a comunidade judeu-cristã e Tiago tornou-se seu líder. Sobre isso, porém, falaremos mais adiante.

Também na Índia e regiões circunvizinhas Jesus começou a atrair seguidores. Segundo Francine, atraíra vários discípulos e as multidões se apinhavam ao seu redor a fim de ouvir aquele jovem, mas aparentemente sábio homem de Israel. Foi também por essa época que Jesus se tornou muito mais ascético em seu modo de vida, a fim de concentrar-se nos estudos. Misturava-se aos pobres e chegou a realizar algumas curas.

À diferença da Bíblia, que situa o primeiro milagre de Jesus durante as bodas de Caná (quando transformou água em vinho), para Francine o primeiro milagre foi a cura de um menino leproso na área hoje conhecida como Calcutá, na Índia. Isso não era nenhuma novidade num país acostumado a ver profetas ou santos capazes de levitar, curar e transmitir conhecimento espiritual. Muitos dos santos da Índia já haviam feito coisas semelhantes. Francine diz que Jesus foi instruído por Deus a fazê-las também, como uma espécie de batismo de fogo para aquilo que estava por vir.

À medida que estudava e aprendia, o velho conceito judaico de um Deus feroz e vingativo cedia lugar, nele, ao de um Deus amável e piedoso. Embora o hinduísmo e o budismo, religiões mais passivas, o atraíssem, Jesus não conseguia conciliar sua crença absoluta num Deus único e verdadeiro com o espírito geral daqueles ensinamentos. Adotou a filosofia da reencarnação e muitos dos conceitos mais sutis de ambas as religiões. Aprendeu também a comunicar-se segundo o nível dos ouvintes[...] contando histórias e parábolas para inculcar sua mensagem nos pobres e analfabetos, em vez de insistir em dogmas que eles não poderiam entender. Essa perspicácia o acompanharia até o fim da vida.

Para os leitores que considerarem isso pura fantasia, tenho de reserva uma grande surpresa. Há dezenas de textos de eruditos orientais que confirmam a estada de Jesus na Índia e regiões vizinhas na época. Era chamado por muitos nomes, por diferentes culturas e povos — "Issa", "Isa", "Yuz Asaf", "Budasaf", "Yuz Asaph", "San Issa" e "Yesu". Vários desses textos declaram que ele era um profeta ou santo de outra terra e alguns revelam mesmo que vinha de Israel.

Na Caxemira, na cidade de Srinagar, vêem-se dois monumentos fascinantes. O primeiro é o Roza Bal (ou Razabal), que se diz ser o túmulo de Jesus Cristo. De acordo com a crença dos habitantes, Cristo residiu ali, após sobreviver à cruz, até os 120 anos, quando morreu e foi sepultado no local. O outro monumento, numa grande colina da cidade chamada Takhat Sulaiman (Trono de Salomão), ostenta quatro inscrições, duas delas ainda legíveis. Mas todas foram transcritas e dizem o seguinte:

O pedreiro responsável por esta coluna é Bihishti Zargar. Ano 54. Khwaja Rukun, filho de Murjan, erigiu esta coluna.

Nesta ocasião Yuz Asaf revelou sua natureza de profeta. Ano 54. Ele é Jesus, profeta dos filhos de Israel.

Esses monumentos são, como se vê, intrigantes para os cristãos. Relacionam-se obviamente a Cristo, que por ali esteve após sobreviver à crucificação. E o problema é justamente esse, pois segundo a fé cristã ele morreu na cruz. Afirma-se até que um dos monumentos é o seu túmulo! (Francine garante que o corpo de Cristo não está lá, pois ele morreu na França; mas o povo local venera-o tanto que lhe erigiu um sepulcro simbólico). Temos aqui, então, dois monumentos na região remota da Caxemira a proclamar categoricamente que Cristo não só sobreviveu à crucificação como chegou àquela área após esse acontecimento e nela morou. Os dois monumentos são muito antigos, da época de Jesus; vamos taxá-los precipitadamente de pura fraude? De fato, para que elaborar com tanta meticulosidade um embuste quando se sabe que, naquele tempo, ninguém conhecia Jesus fora de Israel? Só muitos séculos depois de sua morte é que o cristianismo se tornou uma religião popular. Alguns eruditos cristãos não podem explicar convincentemente esses monumentos; outros, que acreditam na viagem de Jesus à Índia, tomam-nos para apoio de sua tese; e outros ainda, para quem ele sobreviveu à crucificação, garantem que essa é uma prova de sua sobrevivência.

Embora a prova pareça convincente, não é a única a confirmar as viagens de Jesus. Inúmeros textos orientais mencionam-no, bem como às suas obras no Extremo Oriente. Vale notar também que uma das maiores religiões do mundo, o islamismo, venera

Cristo como profeta e mensageiro de Deus. Os muçulmanos acreditam que ele não morreu na cruz. Não posso indicar aqui todas as fontes, pois são muitas, mas, se o leitor quiser saber mais a respeito desse período da vida de Jesus, poderá começar pela leitura dos seguintes livros: *The Jesus Mystery*, de Janet Brock; *Jesus Lived in India*, de Holger Kersten; *The Unknown Life of Jesus Christ*, de Nicholas Notovich, e *A Search for the Historical Jesus*, da dra. Fida Hassnain.

Sejamos lógicos a esse respeito. Por que tantos textos orientais se referem a Jesus, reverenciam e comentam esse maravilhoso profeta, esse maravilhoso mestre de Israel e da Terra Santa se nunca o viram? Por que iriam criar um personagem de ficção como esse? O islamismo não existia ainda, portanto ninguém pensava em promover ou contestar a divindade de Jesus Cristo. A fé cristã estava apenas começando, não tinha nenhuma importância ou influência na época; hinduísmo e budismo eram religiões pacifistas confinadas ao Extremo Oriente. A lógica mais simples indica que não houve fraude nem ficção e que os escritos mencionados são autênticos.

Esses textos orientais antigos não foram ignorados pelos estudiosos. Mas muitos eruditos cristãos e a Igreja suprimiram-nos ou puseram-nos de parte. Para que, perguntará o leitor? Para perpetuar o dogma que a Igreja Católica e outras igrejas cristãs defenderam durante séculos. Imagine-se como o cristianismo ficaria abalado pela constatação de que Cristo sobreviveu à crucificação e foi morar em outros países, em vez de ascender aos céus! O mundo cristão se sentiria desorientado, não porque isso de algum modo fosse afetar a divindade de Jesus, mas porque sua Igreja teria escondido a verdade.

Assim como manipulou a organização do Novo Testamento, a Igreja parece haver feito o mesmo com a personalidade de Cristo, sua vida e sua morte. À medida que formos avançando na vida de Jesus, o leitor perceberá os equívocos flagrantes a seu respeito, perpetuados pela Igreja, vindo à tona aqui e ali. Muito disso se pode atribuir a Paulo, que se autoproclamou apóstolo, e ao fato de a Igreja ter adotado o "cristianismo Paulino". Embora Paulo não houvesse conhecido Cristo nem sido testemunha de fato algum de sua vida, "interpretou" as lições do Mestre e o modo como agiu. Foi Paulo quem afirmou que Jesus Cristo subira aos céus (apoiado pela montagem dos evangelhos, que devemos à Igreja) e foi Paulo quem implantou o conceito de redenção (morrer por nossos pecados). Cristo nunca disse nada sobre redenção; Paulo insuflou essa idéia nas massas por sua própria conta e ela se tornou, a partir daí, uma arma para o sentimento de culpa. Em minha modesta opinião, o maior erro da Igreja Católica foi seguir a cabeça de Paulo. Grande equívoco.

Outro aspecto do caráter de Jesus, segundo minha guia, Francine, é sua tendência à solidão, nessa fase da vida. Embora amasse a mãe, em suas parábolas privilegia a figura paterna. Jesus sempre foi o filho pródigo devido à sua devoção a Deus o Pai. Amar seu pai no céu aos catorze ou quinze anos de idade foi sem dúvida o que o motivou a empreender a jornada. Alguns autores supõem que Jesus, sendo o filho mais velho, abandonou a mãe para perambular após a morte de José, seu pai. Não acho que isso seja verdade.

Maria, ao que tudo indica, tinha dinheiro suficiente e seus outros filhos se encarregaram do negócio familiar. Jesus não seria um verdadeiro messias espiritual caso deixasse na penúria sua mãe viúva.

Nas parábolas, ele revela simpatia pelas viúvas pobres. Fala mesmo de uma mãe que perdeu uma moeda de prata, acendeu a lâmpada e procurou-a a noite inteira, até achá-la. Alguns teólogos julgam isso uma manifestação da culpa que sentia por ter abandonado sua mãe. Não me parece. Jesus sempre trabalha imagens de pobreza, viuvez, confiança nos servos, etc., em seus ensinamentos, além de fornecer um panorama da pobreza que existia na época. A figura paterna é, psicologicamente, exaltada por Jesus em virtude do fato de ele se sentir melhor rodeado de homens. Entretanto, isso talvez se deva à circunstância de as mulheres, na época, não possuírem o mesmo status que eles. Embora se saiba que Jesus as igualou aos homens, com um pouco de atenção vemos que quase todas as curas a ele atribuídas foram de pessoas do sexo masculino. Não pretendo, de forma alguma, insinuar que Jesus era um misógino sem respeito pelas mulheres; sucede apenas que os costumes, naquele tempo, exigiam tratamento diferenciado dos sexos. Jesus cresceu no seio de uma cultura que atribuía status diferente a homens e mulheres, mas ele as defendeu e amenizou-lhes o tratamento quando ficou mais velho.

Penso que esse período errante e solitário foi um tempo de angústia e às vezes de desespero. Sempre acreditei — por intuição ou paranormalidade — que ele antevia seu destino. Saber que era o Messias ou o escolhido deve ter sido assustador, como seria para qualquer um. Esse período de viagens e aprendizado em outros países constituiu para Jesus, realmente, uma dicotomia; por um lado, sentia-se feliz no contato com novas filosofias, religiões e culturas; por outro, tinha de arcar o tempo todo com o fardo de ser o Messias.

Essa luta interior foi sem dúvida muito difícil de suportar. Enfrentavam-se duas facções — o medo do que estava por vir, do lado emocional, e a consciência do que tinha de fazer para cumprir sua missão, do lado intelectual. Não me resta dúvida de que ninguém, neste mundo, conheceu tão bem seu destino. A maioria das pessoas vive às cegas, na esperança de estar espiritualmente no caminho certo. Acredito também que a parte humana de Jesus se rebelou contra seu destino, mas ele sabia que tudo estava escrito e essa dura responsabilidade deve ter-lhe pesado enormemente. Assim, na qualidade de Messias, precisava adquirir todo o conhecimento possível — não apenas na sinagoga e na região da Galiléia, Nazaré, Belém e outras localidades próximas, mas também em outros países e culturas, com suas filosofias e religiões. Tinha de ser hábil com o povo, com a atmosfera social e política, com a estrutura econômica da época, sabendo embora que coisas e pessoas não mudam muito. Por isso suas parábolas são atemporais. Em se tratando de pessoas, só a época e o lugar mudam. Elas continuam tagarelando, tratando-se mal, gastando dinheiro e desprezando os pobres. Jesus sabia que tinha de aprender e ensinar para todas as épocas. A verdade é a verdade; permanece sempre a mesma, proferida agora ou há dois mil anos.

No livro *The Passover Plot*, de Hugh J. Schonfield, o autor concorda com boa parte do que dissemos, em especial sobre o amor de Cristo ao Pai celestial. Mas tanto ele quanto eu negamos sua aparente negligência para com a mãe. Sem dúvida, pouco ouvimos falar dela nos evangelhos, mas o mesmo se pode dizer de José. Acredito que ele tenha conhecido bem a vida no mundo porque saiu cedo de casa. Era decerto um grande observador e, estudando os membros da família ou tirando conclusões do que viu nos estranhos durante suas viagens, percebeu a fundo como os seres humanos reagem no trato mútuo.

Eu mesma, não apenas pesquisando, mas convivendo com provavelmente milhões de pessoas em 53 anos de atividades paranormais, aulas e umas vinte conferências por dia, descobri que, infalivelmente, passamos com o tempo a fazer uma verdadeira análise estatística. Nesses mais de cinqüenta anos, notei que se repetem as mesmas preocupações e problemas, os mesmos aborrecimentos que sempre existiram e continuarão a existir até o fim dos tempos.

Aos 25 ou 26 anos de idade, Jesus partiu da Índia para o Egito. Ali estudou os antigos mistérios egípcios e persas, absorvendo ainda mais ensinamentos gnósticos. Depois de cerca de um ano, viajou para Qumran, onde morou e aprendeu com os essênios durante algum tempo. Foi também por essa época que reencontrou Maria Madalena, com quem vinha se correspondendo por carta. Adotou boa parte da filosofia dos essênios e, embora não acatasse alguns de seus pontos ascéticos e conservadores, manteve-se em boas relações com os membros da seita um pouco mais liberais, que o consideravam um deles. Diz-se que os essênios viviam isolados na região de Qumran, mas recentes descobertas arqueológicas informam que possuíam um complexo no monte Sião, em Jerusalém, e em várias outras áreas. Eram muito reservados e nem sempre se permitiam o convívio com estranhos. Veremos adiante que Cristo freqüentava livremente as comunidades essênias, pois fora aceito como membro.

Um dos maiores méritos que podemos reconhecer em Jesus é o fato de, mesmo conhecendo seu destino, nunca ter se desdenhado a ele. Em *The Passover Plot*, Schonfield declara: "O que quer que Jesus haja aprendido e não importa a maneira como obteve esse conhecimento, inclusive a arte de curar cultivada e praticada pelas comunidades dos 'Santos' [uma seita ligada aos essênios], ele sempre tinha diante dos olhos o destino para o qual se preparava. Em última análise, só ele, pedindo a ajuda do Pai Celestial, penetrou os recessos mais íntimos dos escritos sagrados e compreendeu os ditames dos Oráculos Divinos. A novidade de sua missão foi ter assinalado claramente o caminho que o Messias devia percorrer. *Estava escrito*".

Isso confirma o que Francine me disse há mais de trinta anos: Jesus não apenas acumulava conhecimentos como os transmitia em termos e linguagem acessíveis à massa iletrada. Em vez de pregar a lei e a teologia judaicas, como os sacerdotes do Templo, ensinava as pessoas por meio de parábolas e histórias que eles podiam entender e aplicar no dia-a-dia.

Muitos eruditos e leigos fazem as perguntas inevitáveis: Quem era Jesus realmente? Qual a sua missão? Era mesmo filho de Deus ou filho do homem? Para mim, a confusão toda está na chamada "cristologia". Em geral, os cristãos acreditam que Jesus é simultaneamente o Filho de Deus e Deus feito carne.

Muitas outras religiões veneram Cristo em graus variados. As religiões orientais, como o budismo e o hinduísmo, reconhecem-no como profeta; para o Islã, conforme já explicamos, ele é um dos mais queridos e importantes enviados de Deus. Os muçulmanos não aceitam a divindade de Jesus nem sua crucificação — afirmam que ela não aconteceu ou que Cristo não morreu no Calvário.

Francine informa que Jesus foi uma entidade especial cuja missão consistia em apresentar aos homens a visão verdadeira de nossa Divindade como Deus compassivo. Ela não desacredita Buda ou Maomé, apenas sustenta que Jesus era um enviado direto e uma criação especial de Deus. Francine sempre insistiu em que todos somos filhos e filhas de Deus, mas Jesus foi gerado para um propósito único.

Nunca uma figura despertou tanta controvérsia quanto nosso Senhor e provavelmente nunca despertará. Não se vê, em nenhuma outra cultura, teólogos discutindo e pesquisando obsessivamente outros mensageiros como fazem com Jesus. Isso ocorre porque a Igreja, desde o princípio, falhou. Tantas facções cristãs, cada qual com sua interpretação, se digladiaram a tal ponto que os cismas foram inevitáveis e até hoje não se reconciliaram. O Novo Testamento e a Bíblia como um todo só receberam seu formato final trezentos anos após a suposta morte e a suposta crucificação de Cristo. Para alguns especialistas, pelo menos 27 (no dizer de outros, mais de quarenta) livros foram indevidamente postos de lado. Quem determinou quais textos deviam constar ou não da Bíblia? A primitiva Igreja Cristã.

Antes de poder entender as obras, a vida e o homem chamado Jesus Cristo, precisamos nos informar a respeito das fontes que fornecem os dados sobre ele. Se uma pessoa nos conta uma história a respeito de alguém ou alguma coisa, não desejamos saber se essa história é verdadeira? Não insistimos em verificar a veracidade e a consistência das informações nela contidas? A ciência, é claro, o faz. Isso se chama prova. Se não exigirmos a prova, estaremos dando ouvidos a boatos e achando que o contador da história é realmente digno de crédito. É aqui que nos envolvemos num problema sério, pois o homem, com sua vocação para o embelezamento, a fraude e a mentira, entra em cena. Vou tentar explicar isso com lógica e objetividade.

Imagine-se o leitor na época da antiga Igreja Cristã. Eis aí uma religião nova, divulgada quase que apenas por boca dos doze apóstolos e alguns poucos adeptos. Percorrem regiões da Judéia e de outros países para pregar a palavra de Jesus Cristo. À medida que se sucedem as conversões, os membros da seita logo passam a constituir uma mescla de raças, grupos étnicos e culturas diferentes, com algo da mentalidade das outras religiões praticadas na época. A antiga Igreja não tarda a dividir-se em numerosas facções. Os "cristãos paulinos" seguiam os ensinamentos de Paulo, que se autoproclamou apóstolo mas nunca viu Cristo nem testemunhou episódio algum de sua vida; os "cristãos judeus" acatavam as lições e a liderança de Tiago, irmão de Jesus; e os "cristãos gnósticos" combinavam o cristianismo com as teorias da gnose (provinham em geral do Egito e da Pérsia). Afora esses, havia os cristãos apegados aos ensinamentos básicos de Pedro e de alguns outros discípulos, que em pouco tempo foram assimilados à facção de Paulo após a morte de Pedro.

Praticamente desde o início essas facções se indispuseram umas com as outras. Os cristãos paulinos defendiam enfaticamente sua crença de que Jesus era divino, o filho de Deus feito carne que morreu na cruz para redenção de nossos pecados e, quarenta dias depois do martírio, subiu aos céus. Os cristãos judeus, entre os quais se contavam muitos parentes de Jesus, eram liderados por Tiago e tinham sua sede em Jerusalém: para eles Jesus não era o filho divino de Deus, apenas seu mensageiro ou profeta que, sobrevivendo à crucificação, morreu mais tarde de morte natural (e quem melhor saberia disso que seus próprios parentes?). Continuavam a crer firmemente na lei e nos costumes do povo judeu, e integraram os ensinamentos de Cristo à sabedoria judaica. Os cristãos gnósticos aceitavam a divindade de Jesus como enviado especial de Deus, considerando portanto divinos os seus ensinamentos. Também eles negavam que Cristo houvesse morrido na cruz ou ascendido aos céus. Não se prendiam às leis nem à sabedoria judaica, utilizando as lições de Cristo para complementar as da gnose e dos antigos mistérios.

A batalha pelo controle da Igreja Cristã primitiva atravessou os séculos. O resultado, por vários motivos, foi o que se devia esperar. O cristianismo paulino instalou sua sede de poder em Roma e recebeu grande influência do domínio romano sobre o mundo, na época. O cristianismo judaico firmou-se em Jerusalém e sofreu as conseqüências da mentalidade judaica e da ocupação de Israel por Roma. Os cristãos gnósticos não tinham nenhuma base de poder concreta, estavam restritos praticamente ao Egito e à Pérsia, e só atingiam um número limitado de pessoas porque seus ensinamentos estavam ao alcance apenas dos doutos.

Nos primeiros anos do cristianismo, os adeptos em Roma (cristãos paulinos) foram violentamente perseguidos, ao passo que os cristãos judeus, em Jerusalém, receberam autorização para edificar uma igreja. Os cristãos gnósticos preferiram isolar-se ou viver na clandestinidade. Com o passar dos séculos, os cristãos paulinos, embora perseguidos ainda, começaram a cooperar mais de perto com as autoridades romanas. Os cristãos judeus, porém, devido às muitas rebeliões em sua terra, foram quase exterminados pelos romanos, que lhes destruíram o Templo e a igreja. Os cristãos gnósticos fizeram alguns progressos, com igrejas cópticas egípcias surgindo à medida que a filosofia da gnose se disseminava, mas eram muito poucos em número para exercer influência decisiva.

Finalmente, no Concílio de Nicéia (325 d.C.), o imperador romano Constantino oficializou a seita cristã paulina, a qual, agora no papel de religião de Estado, tornou-se a Igreja Católica Romana. Esse foi um ato dos mais importantes e significativos na história, pois abriu caminho para o cristianismo que conhecemos hoje e para a Bíblia que temos em mãos.

Cada facção de cristãos antigos possuía seus textos favoritos, que consideravam canônicos, sobre a vida de Jesus Cristo. Ao vencer a guerra, se assim nos é lícito exprimir, os cristãos paulinos puderam formular e adotar os escritos de sua preferência, cortando, acrescentando, eliminando ou omitindo tudo quanto as outras facções adotavam. Sem dúvida, faltam na Bíblia muitos textos que lá deveriam estar. Os primitivos cristãos paulinos manipularam-na para seus próprios fins e segundo seus próprios interesses. Mais tarde, o surgimento da Igreja Anglicana na Inglaterra provocou novas modificações, daí resultando a chamada versão do "Rei James" da Bíblia.

Praticamente todo estudioso sério da Bíblia reconhece que ela foi alterada, remanejada, escoimada e inflada pelos antigos cristãos. Como, então, tomar o Novo Testamento da Bíblia como fonte legítima da verdade sobre Jesus Cristo? A resposta é: não podemos confiar nele. Entretanto, até agora, a Bíblia é uma das principais fontes de informação a respeito de Jesus Cristo porque quase não temos outras. Sim, sabemos algo com base nos textos gnósticos recuperados em Nag Hammadi, Egito, no ano de 1945, e a partir do recém-descoberto evangelho de Judas, afora alguns outros textos como os Manuscritos do Mar Morto; a informação, porém, é limitada e ainda por cima tem de enfrentar quase dezessete séculos de crença arraigada na Bíblia.

Com isso em mente, à medida que mergulharmos cada vez mais na vida e ministério de Cristo, o leitor me verá questionar certas afirmações que a Bíblia faz sobre ele. Agirei assim, não para criticar a Bíblia, mas para apontar discrepâncias e possíveis erros nos quatro evangelhos aceitos, que não reproduzem com exatidão a vida de Jesus. A responsabilidade que, como escritora, tenho de divulgar a verdade vai muito além de quaisquer considerações pelas "crenças tradicionais" ou pelas inverdades históricas que a religião tem lá seus motivos para perpetuar. Para quem quiser saber mais sobre o modo como a Bíblia foi organizada, recomendo o ensaio de Richard Carrier, "The Formation of the New Testament Canon", que se pode encontrar no controvertido site www.infidels.org. Estou realmente empenhada em oferecer aos meus leitores o quadro mais claro e preciso que puder a respeito de Jesus Cristo, suas obras, sua missão e sua vida. Cabe ao leitor decidir o que fará com essas informações.

CAPÍTULO 3

O Batismo de Jesus e a Escolha dos Discípulos

Jesus estudou com os essênios por quase dois anos e a eles relatou tanto suas viagens quanto suas experiências no Extremo Oriente. Compartilhou-lhes muito do que aprendera sobre cura, meditação e filosofia oriental. Seita secular que eram, os essênios não empreendiam viagens longas, de sorte que boa parte das informações e conhecimentos que Jesus lhes transmitiu os impressionou como coisa nova e excitante. Os essênios eram, sob vários pontos de vista, gnósticos. Viviam a debater as idéias e filosofias mais recentes, e gostavam muito de escrever. Os Manuscritos do Mar Morto foram encontrados em cavernas na região de Qumran, em 1947, e logo os estudiosos os atribuíram aos essênios.

Quinze anos de pesquisas é tempo suficiente para alguém se inteirar das crenças e cultos de outros povos. Isso, a meu ver, foi o que em boa medida estimulou Jesus a compreender e assistir os pobres e oprimidos. Seis meses antes do seu trigésimo aniversário,

Jesus tomou o caminho de volta para Nazaré. Chegara o tempo de sua atividade pública em Israel.

Jesus foi festivamente acolhido. Ele estivera ausente por muito tempo e se tornara um sábio, um filantropo. Sua mãe, Maria, lá se encontrava ao lado dos seus irmãos e irmãs, e entre os convidados estavam Maria Madalena, primas como Marta, e tias como Maria Cléofas e Maria Salomé. A Bíblia relata que esses parentes convidaram Jesus a jantar e conversaram longamente com ele. Constituíam de fato uma família muito unida, e uma confraria de amigos e parentes que estavam sempre perto de Jesus. Alguns eruditos calculam que pelo menos cinco dos apóstolos tinham com ele algum laço de parentesco. Jesus narrava inúmeras histórias sobre suas viagens e experiências para esse público que o ouvia fascinado.

Abrindo um parêntese, penso que muitos dos livros originais da Bíblia continham porções desse material. Não temos acesso a ele porque a Igreja primitiva o eliminou do texto definitivo. A Igreja queria controlar a mente das pessoas que liam a Bíblia e exigia que só lessem o que ela "achava" bom para ser lido. Tudo o que fizesse Jesus parecer mais humano, mais sedento de conhecimentos, poderia levar os leitores a suspeitar que ele não era inteiramente inspirado por Deus. Quanta ignorância, pensar que alguma coisa neste mundo não traz em si o espírito divino! A Igreja primitiva desejava tudo, menos que as pessoas simples se tornassem eruditas; desejava apenas que acatassem sem discussão aquilo que ela pregasse. Nunca ouvimos Jesus ordenar que sigamos determinada religião como o judaísmo, o cristianismo ou o hinduísmo. Ele era apenas um investigador da verdade. As sábias palavras "Buscai e achareis", "Batei e a porta se abrirá" são indícios sólidos de que suas palavras eram sempre produto do conhecimento e da filosofia gnóstica. Se Jesus não quisesse que fôssemos livres-pensadores, Ele nos teria dito.

Depois de se reunir com a mãe e Maria Madalena, iniciou sua vida pública. As bodas de Caná foram na verdade seu casamento com Maria Madalena. Esse episódio, lido na Bíblia (João 2:1-11), parece deslocado, sem explicação alguma exceto que constituiu supostamente seu primeiro milagre. Quando a mãe o procura dizendo que falta vinho para os convidados, ele reluta em tomar uma atitude qualquer. Mas Maria, conhecedora dos costumes judaicos, pede aos servos que obedeçam sem discutir às ordens de Jesus. Ele então manda que eles lhe tragam seis grandes jarros de água, os quais são logo transformados em vinho, e determina que o sirvam ao convidado principal da festa (padrinho).

Vemos então o convidado principal degustar a bebida, chamar o noivo à parte e confidenciar-lhe (João 2:10): "*Todos costumam pôr primeiro o bom vinho e, quando já beberam fartamente, servem o inferior; tu, porém, guardaste o bom vinho até agora*". Pois bem, o que há de tão significativo em tudo isso? Maria não ignorava que, pelos costumes judaicos, o noivo era responsável pela distribuição do vinho. Então quem fabricou o vinho oferecido aos convidados? Jesus o fabricou: era ele o noivo chamado à parte! Não sei como ninguém não notou isso, exceto se o fez por não querer aceitar que Jesus era casado. O fato explica também por que Maria se preocupou tanto com o problema e nada mais comunicou a Jesus senão a falta de vinho. Sabia que, como noivo, ele tinha de fornecer o vinho! Para amparar mais ainda essa tese, Jesus desde então passou a ser conhecido como "rabi", que significa "mestre"; ora, esse título era o mais das vezes conferido a um homem casado segundo o costume judaico.

A seqüência narrativa da Bíblia não raro é confusa porque os quatro evangelhos nem sempre concordam quanto a incidentes ocorridos ao mesmo tempo (mais inconsistência!). Por exemplo, logo depois das bodas de Jesus em Caná, o texto de João relata a ida de Jesus a Jerusalém, onde expulsou os vendilhões do Templo. O episódio é mencionado igualmente por Mateus, Marcos e Lucas, mas eles o situam bem mais tarde na vida de Cristo. Segundo Francine, o caso dos vendilhões do Templo ocorreu realmente em época posterior, de modo que o evangelho de João não está certo nesse ponto. O detalhe talvez pareça sem nenhuma importância para muitos, mas quem pretende usar a Bíblia como texto factual autêntico tem de arcar com as conseqüências de perceber que ela também pode ser falha. Isso mostra, novamente, que a Bíblia contém erros e nem sempre é confiável como fonte da verdade absoluta.

Fato interessante com respeito ao evangelho de João é que ele raramente segue a linha dos outros três evangelhos. Relata inúmeros incidentes da vida de Cristo que Mateus, Marcos e Lucas não mencionam ou omite alguns que neles aparecem. É o caso dos próximos episódios de grande importância na vida de Jesus: o batismo e a tentação no deserto.

Os quatro evangelhos — Mateus, Marcos, Lucas e João — contam que Jesus foi batizado por João Batista, e que este proclamou a vinda do Messias. João era primo de Jesus, mas é só no evangelho de Mateus que temos um vislumbre do fato de eles se conhecerem. Em Mateus 3:13-5, lemos: "*Por esse tempo, dirigiu-se Jesus da Galiléia para o Jordão, a fim de que João o batizasse. Ele, porém, o dissuadia, dizendo: Eu é que preciso ser batizado por ti, e tu vens a mim? Mas Jesus lhe respondeu: Deixa por enquanto, porque, assim, nos convém cumprir toda a justiça. Então, ele o admitiu*". Há, sem dúvida, um indício de intimidade nessa breve conversa entre João e Jesus. Os evangelhos de Marcos e Lucas afirmam que João batizou Jesus. O evangelho de João relata que João batizou Jesus, mas deixa implícito que eles não se conheciam. Eis o que lemos em João (1:29-34): "*No dia seguinte, viu João a Jesus, que vinha para ele, e disse: Eis o cordeiro de Deus, que tira o pecado do mundo! É este a favor de quem eu disse: Após mim vem um varão que tem a primazia, porque já existia antes de mim. Eu mesmo não o conhecia, mas, a fim de que ele fosse manifestado a Israel, vim, por isso, batizando com a água. E João testificou, dizendo: Vi o Espírito descer do céu como pomba e pousar sobre ele. Eu não o conhecia; aquele, porém, que me enviou a batizar com a água me disse: Aquele sobre quem vires descer e pousar o Espírito, esse é o que batiza com o Espírito Santo. Pois eu, de fato, vi e tenho testificado que ele é o Filho de Deus*".

Essa parece ser outra contradição, pois João era primo de Jesus e seu companheiro de infância. Francine, porém, explica que João não via Cristo há mais de quinze anos e não reconheceu no homem o menino. Acho essa explicação bem plausível, mas acrescento: o evangelho de João está dizendo também que, embora João conhecesse Jesus como seu primo, até o momento ignorara ser ele o Messias anunciado por ele próprio e outros profetas. Somente quando o Espírito Santo, sob a forma de pomba, desceu sobre Jesus é que João o reconheceu como o escolhido de Deus. Quando declara: "eu não o conhecia", refere-se apenas ao fato de ignorar que o primo era o Messias e até parece chocado, o que acarreta o segundo "eu não o conhecia", num tom de quase incredulidade.

Antes de comentar a estada de Cristo no deserto, que é o próximo incidente em sua vida conforme lemos na maioria dos evangelhos, quero falar sobre o que aconteceu a João Batista. Ele era uma espécie de agitador. Dizia o que julgava ser a verdade, ofendesse a quem ofendesse. Segundo minha pesquisa, João Batista era também um essênio, como Cristo. Foi essa seita judaica que implantou o conceito do batismo. Acreditavam que o batismo limpava a pessoa de traumas e erros passados, mas não do pecado original (ainda voltaremos a esse ponto). Ao contrário de Jesus, João se atinha aos ensinamentos rigorosos e ascéticos dos essênios. No entender de Francine, isso se deveu ao fato de João ter passado a vida inteira na Judéia ocupada pelos romanos e, como muitos de seus compatriotas, odiar os invasores. Tinha idéias revolucionárias. Não recebera, como Jesus, lições de paz e compaixão. Nos termos do ascetismo exigente dos essênios, pregava para quem o quisesse ouvir e batizava milhares. Foi sua interpretação literal da lei judaica que por fim o indispôs com Herodes. O rei e a hierarquia do Templo, já muito antes, viam João como um transtorno perigoso porque ele denunciava a hipocrisia de ambos.

João Batista teria provavelmente escapado caso não se insurgisse contra Herodíades, esposa de Herodes. Chamava os dois de adúlteros e Herodíades de prostituta porque se divorciara do irmão de Herodes para se casar com este, estando o outro ainda vivo. A acusação de João irritou Herodíades, que usou a atração do marido por sua enteada Salomé (filha de seu irmão) para alinhavar a vingança. Todos sabemos a história de Herodes embriagado pedindo que Salomé dance para ele. A jovem se recusa, mas Herodes insiste, prometendo-lhe até metade do reino. Salomé pergunta à mãe o que deverá pedir e a mãe lhe diz: "A cabeça de João Batista". Salomé vai ter com Herodes e este, não querendo faltar à palavra dada, manda relutantemente executar João e trazer sua cabeça numa bandeja. Francine informa que, quando Jesus soube da morte do primo, sentou-se e chorou amargamente.

Se os essênios consideravam o batismo um meio de lavar os traumas passados da vida, o cristianismo transformou-o na eliminação do pecado de Adão e Eva (pecado original). Eis, a meu ver, uma péssima interpretação. Para muitos estudiosos, a história de Adão e Eva no Gênesis, primeiro livro do Velho Testamento, é puramente simbólica. Tem caráter mitológico e não pretende ser mais que uma alegoria. Tomada ao pé da letra, não faz nenhum sentido, especialmente na parte onde os filhos de Adão e Eva desposam mulheres e geram filhos. Indo para a terra de Node, Caim se casa — mas de onde vinham essa esposa e a de seu irmão Sete? Se, porém, o relato for lido como alegoria, a presença dessas outras pessoas passa a ser parte do simbolismo e pode ser considerada uma extensão válida da história. A Árvore do Conhecimento dá os frutos de todo o bem e todo o mal. É o símbolo da sabedoria, mas também da tentação. Deus diz a Adão e Eva que poderão comer o que quiserem, menos aqueles frutos.

Vem em seguida o simbolismo da serpente garantindo a Eva que estará tudo bem se ela comer o fruto da Árvore do Conhecimento. A imagem da serpente lembra os deuses da fertilidade cultuados pelas várias religiões dos povos que rodeavam a Judéia. Quando Salomão construiu as primeiras colunas do Templo da Judéia, as principais colunas foram modeladas sob a forma de serpentes da fertilidade, pois as outras religiões não deixavam de influenciar o antigo Israel. A serpente é, pois, o símbolo dessas outras religiões que tentavam o povo judeu, representado, também simbolicamente, por Adão e Eva — os supostos ancestrais de sua raça. Eva come o fruto e persuade Adão a fazer o mesmo. As mulheres (representadas por Eva) sempre foram consideradas tentadoras de homens (representados por Adão) — até hoje. Eu sempre achei que Adão teve o que merecia — que espécie de tolo era ele para ceder tão facilmente? Adão e Eva então vestiram roupas para cobrir sua nudez. Deus sai à procura de Adão, encontra-o, e Adão lhe explica que se ocultara por estar nu. Deus pergunta: "Quem te mostrou que estavas nu?"

Esse trecho em particular do Gênesis revela outra inconsistência da Bíblia, pois nele Deus não sabe tudo — quando todos sabemos que ele é onisciente. Surpreendemo-lo a perguntar: "Adão, onde estás?" e "Quem te mostrou que estavas nu?" Ora, Deus não podia ignorar onde Adão se achava, quem tentara Eva, e por aí vai. Logo que a mão do homem passa a escrever, lá vêm os erros e as inconsistências.

O episódio de Adão e Eva, como um todo, é a história alegórica da humanidade sendo expulsa do Paraíso (o Outro Lado) e descendo para encarnar no plano negativo da Terra. O mal não existe no Outro Lado (ou Paraíso), de modo que Adão e Eva foram exilados na Terra a fim de "lavrar os campos para seu sustento" e "parir com dor". Isso é simbolismo no mais alto grau e mostra a Terra como um plano negativo, repleto de tentações e males. Pense nisto o leitor: como alguém aprenderia se não fosse para um plano negativo, onde males e tentações testariam a têmpera de sua alma? Não se pode aprender sobre o mal num ambiente perfeito; o mal é parte do conhecimento sem o qual não se saberia o que é o bem. Aprender sobre o mal não faz de você uma pessoa má, apenas lhe ensina o modo de evitar se tornar uma pessoa má.

Assim, o conceito de "pecado original" surgiu do simbolismo de Adão e Eva comendo o fruto proibido. Podemos portanto deduzir que, se a história do pecado original é simbólica, simbólico também é seu significado. "Pecado original" não passa de uma metáfora para o fato de que, embora Deus seja perfeito, suas criações não o são, estando sempre sujeitas a falhar neste plano que chamamos Terra.

Em três evangelhos — Mateus, Marcos e Lucas —, vemos Jesus sendo conduzido ao deserto. João omite esse episódio. Nos evangelhos que o relatam, Jesus "foi levado" pelo Espírito Santo ao deserto depois que os céus se abriram e uma voz clamou: "És meu filho bem-amado, em quem ponho toda a minha complacência". Os textos prosseguem contando que Cristo jejuou durante quarenta dias e quarenta noites, e que o "inimigo" (transformado no texto em Satanás) tentou-o prometendo-lhe riquezas e fama. Marcos é bastante sucinto nesse ponto, enquanto Mateus e Lucas inserem diálogos entre Jesus e o inimigo.

Francine não concorda com esses relatos, pois, em suas palavras, Jesus foi para o deserto após cerca de um ano de vida pública. Partiu sozinho, a fim de mergulhar em contemplação e ouvir livremente a voz do Senhor. Sabia o que estava por vir e desejava fortalecer-se contra a adversidade. Segundo Francine, nenhum demônio como tal o tentou: ele apenas combateu contra sua própria consciência. Não ignorava que, com seu carisma, poderia tornar-se um respeitado governante, bastando-lhe entrar em bons termos com o Sinédrio e os políticos, acomodando-se aos costumes da época. Teria fortuna e poder. Mas aquele era um momento de meditação e introspecção serenas em que queria comunicar-se com o Pai celeste a fim de preparar-se para o cumprimento de sua tarefa. O colóquio com o inimigo, em Mateus e Lucas, foi segundo Francine forjado para refletir a crença cada vez mais arraigada na Igreja primitiva em uma entidade chamada "demônio". Francine reconhece que a história é boa, mas não verdadeira; e acrescenta que após trinta (não quarenta) dias durante os quais só algumas vezes jejuou, e outras comeu e bebeu moderadamente, partiu e foi para junto da família.

Maria Madalena, no dizer de Francine, estava sempre a seu lado. Alguns ensinamentos da doutrina gnóstica adiantam mesmo que ela era a emissária direta da Deusa Mãe na época, conhecida como Sofia, assim como Cristo era o emissário direto do Deus Pai. Achavam-se na Terra como réplicas da Deusa Mãe e do Deus Pai verdadeiros. Todos temos, em nós, o DNA dos Criadores divinos; mas Maria e Jesus foram exemplos de como a vida deve ser vivida, de como o casamento deve ser preservado e de como o amor à humanidade deve ser exercido.

Os Cavaleiros Templários, mais tarde, parece que acreditaram nisso, tentaram proteger tal conhecimento e, em conseqüência, foram dizimados. Alguns escaparam, porém, e conseguiram preservar tanto o segredo quanto a herança de Cristo.

Jesus saiu então em busca dos homens que o haveriam de seguir e tornar-se seus discípulos. A bem da continuidade e da compreensão, procurarei acompanhar a linha narrativa da maior parte dos evangelhos e assinalar as discrepâncias importantes. Muitas dessas discrepâncias ocorrem no evangelho de João, mas os outros livros também se contradizem, conforme já vimos nos de Mateus e Lucas. Pessoalmente, gosto do evangelho de João; todavia, como se verá também, ele é muito diferente dos outros sob vários aspectos.

Como não menciona a estada de Cristo no deserto, João passa imediatamente a narrar a escolha dos discípulos (capítulo 1), enquanto Mateus, Marcos e Lucas situam esse episódio após os quarenta dias de isolamento. Há certa disparidade, nos evangelhos, sobre quem ele convocou primeiro para segui-lo. João cita André e outro que não identifica. Lucas, Marcos e Mateus mostram-nos Jesus chamando ao mesmo tempo Simão (Pedro) e André, que eram irmãos e pescadores, e depois Tiago e João (também pescadores e irmãos). Alguns dos evangelhos falam da convocação de outros discípulos, mas nem sempre na mesma ordem, o que, a meu ver, não tem grande importância. Desejo apenas mostrar ao leitor o grau de inconsistência que se pode notar ao longo de todo o Novo Testamento.

Jesus, de início, escolheu doze discípulos. Eram eles: Simão (Pedro); André (irmão de Simão Pedro); Tiago, filho de Zebedeu; João, irmão de Tiago de Zebedeu; Levi (Mateus); Filipe; Bartolomeu; Tomé; Tiago, filho de Alfeu; Simão Zelote (também conhecido como Simão Zelador ou Simão Cananeu); Judas (filho de Tiago e Labeu) e Judas Iscariotes. Com dois Simãos, dois Tiagos e dois Judas entre os discípulos, a coisa às vezes se complica. Jesus queria junto de si homens a quem pudesse ensinar e que, seguindo-o, obedecessem às suas ordens. Suas lições deveriam ser partilhadas com o mundo graças ao esforço de pessoas empenhadas em disseminá-las e converter povos de diferentes países.

Contava, entre os apóstolos, com pessoas de todas as condições, desde Mateus, coletor de impostos, até Pedro, André, Tiago e João, pescadores. Escolheu ricos e pobres para ter uma amostra de cada faceta da vida. Foi uma atitude das mais inteligentes, que mostra com que tirocínio, e por qual razão, fez a escolha. Sim, das mais inteligentes, diríamos mesmo das mais proféticas, pois implicava a certeza de que sua vida pública seria curta; tinha de contar com homens que o seguissem e ouvissem, para espalhar a mensagem quando ele já não mais estivesse na Terra. Jesus poderia ter convocado eruditos, mas esses estavam já embebidos de doutrinas. Melhor escolher uma lousa em branco, por assim dizer, do que tentar convencer homens já firmemente apegados às suas filosofias de vida.

Alguns foram adiante, de aldeia em aldeia, para proclamar a chegada desse profeta que daria a verdade às pessoas e talvez mesmo as curasse. Jesus começou com apenas alguns discípulos, que logo chegaram a vinte ou trinta. Falava-lhes intimamente e convivia com eles. A coisa chegou a um ponto tal que, em Lucas 10:1-12, vemo-lo despachar setenta e dois discípulos para várias aldeias e cidades. Essas comunidades de Israel eram muito próximas umas das outras, de modo que as notícias se espalhavam rapidamente. Segundo Francine, muitas pessoas lhe saíram ao encontro, umas por curiosidade, outras por zombaria e outras ainda na esperança de ser curadas ou de aprender.

Lembre-se de que as coisas, então, eram muito piores do que hoje. Sim, temos céticos[...] mas também liberdade de expressão. Se Jesus podia dizer tudo na Índia e outros países tolerantes para com outras religiões e filosofias, em Israel estava às voltas com a dominação romana e seus deuses, além do Sinédrio e do Jeová amedrontador e vingativo dos judeus. Jesus se via agora em conflito com ambos. Anunciava um Deus único, mas não colérico. O dele era uma divindade bondosa e compassiva que não tem favoritos, pois chega até os pecadores e a todos estima. Isso era blasfêmia para o Sinédrio. Os romanos, porém, não davam muita atenção ao homem conhecido como Jesus porque detinham todo o poder e ele não era nenhum revolucionário como seu primo João Batista. Este sim, mostrava-se agressivo e sempre bradava contra a ocupação romana. Jesus, porém, empregava palavras ternas para persuadir as pessoas.

Jesus empregou todo o conhecimento que adquirira durante as viagens. Sendo gnóstico, nunca receava incorporar verdades de outras religiões; apenas adaptava o que dizia ao pensamento e à tradição dos judeus, recorrendo freqüentemente às parábolas para ilustrar suas idéias. Sendo essênio, era influenciado, não apenas pela filosofia, mas também pelo hábito de escrever dessa seita. Ordenava aos discípulos letrados, como Tomé, Mateus e Tiago, que registrassem tudo o que viam e ouviam. Jesus não desejava tanto preservar seu legado quanto deixar transcrições às quais seus discípulos, tornando-se apóstolos, recorressem para disseminar-lhe os ensinamentos. Os essênios preservavam sua herança lançando-a por escrito e cuidavam para que os textos ficassem seguros, até escondendo-os quando era necessário.

Faziam isso porque eram considerados zelotes radicais pelo Sinédrio e os fariseus, que constantemente os oprimiam. Os grupos religiosos do Sinédrio e dos fariseus eram muito poderosos e influentes — e, tragédia que sucede ainda hoje com muitas doutrinas, governavam o povo pelo terror. Quando alguém ajuda o povo por puro amor a Deus, pelo tocante exemplo da saúde e da beleza, não consegue amedrontá-lo e fazê-lo sentir-se culpado o bastante para lhe arrancar dinheiro. A religião se torna assim um grande negócio. É o que, lamentavelmente, fazem hoje os evangélicos e mesmo o Vaticano. Não estou condenando nem julgando, apenas constato uma verdade histórica. Tomemos Martinho Lutero, que se cansou de ver a Igreja vendendo indulgências, afastou-se dela e implantou a Reforma. Insistia em que as pessoas não precisavam pagar sua entrada no Paraíso.

Cristo sempre achou, a vida inteira, que seus ensinamentos eram preciosos e deviam, se possível, ser preservados. O que mais desejava era mudar a maneira como os judeus agiam e imaginavam seu Deus. Um detalhe que muita gente esquece facilmente é que ele era judeu e não cristão.

Ele procurava instruir um povo sujeito a leis e tradições rigorosas, que remontavam à época de Moisés e mais além. Jesus tinha de escolher cuidadosamente as palavras, pois muitas eram consideradas blasfêmias pelos elementos conservadores do judaísmo. Essa contenção no discurso e nas idéias é que levou muita gente a interpretá-lo mal em vários pontos, ao longo dos anos. Lemos no evangelho de Lucas que, após o regresso do deserto, Jesus se dirigiu a Nazaré, sua cidade natal, e ali pregou na sinagoga — apenas para que seus conterrâneos, irritados, o arrastassem até o alto de um monte a fim de arremessá-lo lá de cima, pois não haviam gostado nada do que ele dissera (Lucas 4:28-9). Como teria Jesus reagido? Estava rodeado de pessoas com quem convivia desde a infância e elas o queriam precipitar no abismo por causa do que ele lhes comunicara. Sentiu medo, mas aprendeu também uma lição importante: devia ser mais cuidadoso com as palavras.

Enquanto abordamos o tema dos ensinamentos de Jesus, permitam-me inserir aqui um aparte de natureza mais polêmica, mais pessoal. Sempre me considerei uma cristã gnóstica porque acredito na utilidade de obter o máximo conhecimento possível sobre Deus; sempre achei que Jesus Cristo foi um mensageiro direto de Deus e amo os seus ensinamentos. Mas eis o impasse: não subscrevo *todas* as lições apresentadas pela Bíblia e não creio que ele seja o salvador da humanidade, nem que morreu para redenção de nossos pecados. Alguns leitores perguntarão: "Nesse caso, como você pode se considerar cristã?" Considero-me cristã porque acredito nos ensinamentos de Cristo e em sua divindade como criatura especial, emanada de Deus. Não acredito no conceito de um salvador da humanidade simplesmente porque esta cultiva crenças variadas; mas acredito que Deus envia mensageiros para nos ajudar, embora sejamos pessoas muito diferentes. Em outras palavras, para mim Buda e Maomé foram enviados divinos a certas regiões do mundo, como Jesus o foi para as que cultivavam o judaísmo e depois o cristianismo.

Alguns de vocês dirão: "E como você sabe que ele era um emissário para o judaísmo? Os judeus não acreditavam que ele fosse o Messias!" O fato de não acreditarem em Jesus como seu Salvador não significa que haja deixado de influenciá-los com seus ensinamentos. O judaísmo e o islamismo consideram Cristo um grande profeta e mestre espiritual. Como eu já disse antes, ele era judeu e mantinha seu ministério dentro dos parâmetros da fé judaica, embora muitas de suas lições se apliquem a todos nós. Os atributos de um Mensageiro Divino sempre incluíram ensinamentos de natureza universal, ensinamentos que transcendem culturas, costumes e tradições, e são aplicáveis por seu caráter de verdade a qualquer um, a qualquer tempo. Cristo era um desses mestres.

Sempre acreditei num Deus que é todo amor e misericórdia, pronto a perdoar quaisquer transgressões de suas criaturas. Discorri sobre ele em muitos dos meus livros; não o considero dotado de qualidades mesquinhas como cólera e espírito vingativo e, decerto, não acho que ele castigue ninguém. Deus é perfeito em seu amor e perdão. Jesus procurou realçar as qualidades positivas de Deus por várias maneiras, mas a Bíblia insiste em que ele acreditava no julgamento e na punição dos pecadores. Segundo Francine, Jesus de modo algum acatava esses dois conceitos e jamais afirmou que Deus castigaria fosse lá quem fosse e muito menos que haveria um Dia do Juízo. Ela afirma que os trechos da Bíblia onde se lêem tais coisas foram enxertados na versão final pelos antigos cristãos, que a redigiram. Acredito em Francine. Discordo francamente dos conceitos de Dia do Juízo e punição divina; seria uma hipócrita se dissesse o contrário.

Francine afirma que Jesus, quando falava em castigo, aludia ao fato de os pecadores sempre serem punidos de acordo com a lei universal do karma, que aprendeu quando esteve na Índia e na qual acreditava. Os autores da Bíblia acrescentaram que Deus se encarregaria do castigo e apagaram as palavras de Cristo sobre a lei universal do karma porque ela lembrava muito as filosofias e religiões orientais, sugerindo a reencarnação.

No entender de Francine, Jesus jamais mencionou o Dia do Juízo, pois sabia muito bem que ele não ocorrerá; tentou, ao contrário, enfatizar que a prática de boas obras assegura à pessoa um lugar no Paraíso (o Outro Lado). Ela diz também que Jesus não acreditava no inferno, ensinando que o mal faz parte do mundo e sempre fará até Deus decidir o contrário; que Jesus não condenava ninguém, apenas desmascarava a hipocrisia evidente para qualquer observador; que Jesus foi citado erroneamente inúmeras vezes e suas palavras passaram pelo crivo da hierarquia eclesiástica primitiva antes da edição final da Bíblia. Francine afirma, por exemplo, que contrariamente a Mateus 5:17, Cristo declarou ter vindo para "mudar a lei", não para "cumpri-la". Esse é o motivo de ter sido tão odiado pelo Sinédrio e os fariseus. Não condeno religião nenhuma, inclusive o judaísmo, mas reservo-me o direito de discordar de algumas de suas crenças quando elas entram em conflito com as minhas próprias.

Sempre defendi vigorosamente a tolerância religiosa. Sustentar que uma religião é melhor que outra significa nutrir a violência e a hipocrisia, levando a pessoa a se fazer de juiz. A meu ver qualquer indivíduo, não importa quem seja, qual a sua cultura ou a sua formação, tem o direito de decidir por si mesmo aquilo em que quer acreditar. A religião sempre foi, para mim, um apoio pessoal e muito bem-vindo que me ajuda a viver minha vida. Dizer que o que é certo para mim é certo para os outros seria agredir Deus e comprometer a liberdade, os direitos de suas criaturas. Nunca me entrou na cabeça como uma pessoa ou grupo pode propalar que tem todas as respostas e verdades, e que quem não perfilha suas crenças está condenado ao inferno — ou a coisa ainda pior. Essas pessoas não são Deus e nunca serão; ao reivindicar o monopólio da verdade, apenas revelam a que ponto se sentem inseguras com respeito às próprias crenças.

É da natureza humana querer que os outros acreditem no que acreditamos, pois isso afugenta a insegurança e o medo de estarmos errados ao tentar converter o próximo às nossas crenças. Trata-se, porém, de uma ilusão sujeita a ser levada pelo vento. Quando a pessoa apenas tem fé e acredita estar certa, mas não *sabe* se está, sua insegurança se manifesta sob a forma de tentativa de conversão dos outros ao seu modo de pensar. Quando a pessoa *sabe* que está certa em sua fé, não se sente ameaçada pela fé alheia. Parte da sabedoria consiste em chegar a uma crença religiosa por meios próprios. Ou seja, a pessoa deve se sentir bem e à vontade com aquilo em que acredita, mas flexível e tolerante para com quem porventura acredite em outra coisa.

O fato puro e simples é que *todas* as religiões encerram parte da verdade; *nenhuma*, porém, a verdade inteira. Elaborar uma crença e um conhecimento religioso selecionando verdades das várias religiões do mundo seria cultivar a religião definitiva. Embora não tenham um nome nem uma igreja, um templo ou um lugar especial de culto, esse conhecimento e essa verdade residem dentro de nós o tempo todo, trazendo consolo à vida e à alma. Eles nos garantem também a liberdade de recolher o que há de verdadeiro e ignorar o que há de falso nas religiões.

Podemos orar e meditar à vontade no templo, igreja, sinagoga, mesquita ou outro lugar qualquer. Encontramos refúgio para o culto num bosque, jardim, montanha, colina, praia, deserto ou até em nossa própria casa. Devemos viver uma vida de tolerância e liberdade religiosa da maneira mais produtiva, praticando o bem e tratando os outros como gostaríamos de ser por eles tratados — sempre *conscientes* de que nossas crenças, não importa quais sejam, são boas para nós. Estejamos certos também de que Deus nos sorrirá e nos abençoará, pois teremos descoberto uma profunda verdade universal. Não importa o modo como você ame a Deus:

o amor a ele dirigido abrirá as portas para o amor de Deus dirigido a você, que permeará sua alma.

Dirijo meu amor a Deus diariamente e sempre recebo o dele de volta. Sou humana e cometo erros, como qualquer pessoa. Não sou perfeita, tenho minhas falhas e fraquezas, que procuro externar o mínimo possível; mas sei que Deus me ama e cuida de mim, apesar desses defeitos. Já fui criticada, difamada, ridicularizada e atacada por outros seres humanos em virtude de minhas habilidades e escritos, mas sempre me esforcei para praticar boas obras em favor do máximo de pessoas possível. Aprecio muito aqueles que foram gentis o bastante para enviar-me cartas e notas agradecendo minha ajuda. As pessoas que buscam meu apoio, comparecem às minhas palestras, assistem a meus programas de televisão, ouvem minhas mensagens radiofônicas e lêem meus livros é que me mantêm ativa. Amo e respeito cada um de vocês.

Com isso em mente, saibam que, embora às vezes eu possa ser polêmica, jamais escondo intencionalmente a verdade de ninguém, a verdade que pesquisei e reconheço como tal. Escrevendo sobre nosso Senhor, será inevitável que aborde ensinamentos com os quais não concordo, mas sempre tentarei ser o mais objetiva possível e apresentar os motivos da discordância. Digo isso aqui porque vamos entrar num período da vida de Cristo que sem dúvida provocará controvérsias. Adiante, pois, exploremos um pouco mais a vida de Jesus Cristo.

CAPÍTULO 4

Início do Ministério e Primeiros Milagres

Uma lenda greco-romana sustentava que, se a pessoa fosse realmente sagrada e descendesse dos deuses, poderia transformar a água em vinho. Isso talvez em nada se relacione com o milagre de Cristo em Caná, discutido no capítulo anterior, mas gostaria de explicitar que, ao longo da Bíblia, encontramos lendas e mitos tirados de outras culturas, embora disfarçadamente (como o nascimento virgem, já discutido também). Esses mitos e lendas foram inseridos na Bíblia para reforçar a divindade de Jesus e daqueles que o cercavam, a fim de combater a influência de outras religiões. Em outras palavras, tratava-se simplesmente de "meu Deus é melhor do que o teu". Por isso temos nascimentos virgens, coros celestes, anjos e milagres para convencer o povo inculto de que, com efeito, o Deus dos cristãos é maior que qualquer outro.

Não tenciono com isso desacreditar os milagres de Jesus, pois ele realmente fez muitos. Ao que consta, tinha de cumprir a profecia segundo a qual, sabendo ser um enviado de Deus, desejava que também os demais o soubessem. Sem querer ofender outros messias e mensageiros, a ninguém se atribuíram tantos milagres quanto a Jesus Cristo. Não tenho dúvidas de que recebera diretamente seu conhecimento de Deus, porquanto sempre sabia de antemão o que iria acontecer.

Quando começou sua vida pública, reconheceu que iria se dirigir a pessoas incultas, como incultos eram quase todos os seus próprios discípulos. Falava-lhes, pois, sobretudo em parábolas, que até hoje encerram verdades e significados profundos. Essas parábolas eram, o mais das vezes, um meio de ensinar às massas como tratar os semelhantes e viver uma vida honrada. Jesus se interessava mais pela sociedade do que pela política da época. Indagado sobre impostos, replicou simplesmente: "*Dai, pois, a César o que é de César e a Deus o que é de Deus*" (Mateus 22:21; Marcos 12:17; Lucas 20:25). Se examinarmos mais a fundo essa declaração, bem como muitas outras incluídas em seus sermões, descobriremos um tema geral que ele enfatizou a vida inteira. Resume-se a isto: não vos preocupeis com as tribulações diárias de dinheiro, propriedade e bens mundanos; tudo isso é passageiro, a verdadeira recompensa está no céu.

Vale notar também que alguns dos milagres de Cristo estão registrados no Qur'an (Alcorão), o livro sagrado dos muçulmanos. O Qur'an nos mostra Cristo curando um leproso (episódio mencionado igualmente em Mateus, Marcos e Lucas), dando visão ao cego de nascença Bartimaus (citado também por João) e ressuscitando Lázaro (de novo citado por João). O Qur'an fala ainda de um milagre que Cristo realizou na infância, quando animou pombos feitos de barro (episódio narrado nos livros não-canônicos Evangelho da Infância, de Tomé, e Narrativa da Infância, de Tiago). Esses dois livros não-canônicos relatam alguns fatos da meninice de Jesus, mas são considerados apócrifos pela Igreja. Se você tiver a oportunidade de lê-los, compreenderá por que a Igreja os repudia como não-genuínos. Por exemplo, esses textos contam que Jesus, na infância, matou dois meninos e, cego de cólera, agrediu os pais de outro (Francine afirma que ele não fez nada disso).

O segundo milagre realizado por Cristo, segundo a unanimidade dos quatro evangelhos canônicos, foi a cura do criado de um centurião em Cafarnaum (Mateus 8:5-13; Lucas 7:1-10; João 4:46-54). Mateus e Lucas, porém, escrevem que a pessoa doente era o criado do centurião, enquanto João afirma que era o filho de um régulo (outra inconsistência). Só em João vem mencionado que esse foi o segundo milagre de Cristo. Talvez seja incorreto, como escreve Mateus, que Jesus haja curado um leproso antes desse incidente e que, segundo Lucas, haja curado o homem da mão ressequida numa sinagoga, por ocasião do Sabá, também antes do incidente acima (mais inconsistências). Ainda veremos inúmeros episódios disparatados nos quatro evangelhos, a provocar a suspeita de que eles não são relatos factuais. Esses episódios também chegam a nos entediar, pois repisam uma mesma história em versões diferentes.

O milagre do servo (ou filho) nos dá uma primeira visão do poder de Cristo, já que foi realizado a distância: Jesus não se aproximou do doente. É também o primeiro caso de alguém que se curou por acreditar em Cristo: o centurião (régulo?) expressou sua fé nele e ele, por sua vez, curou-lhe o servo (filho?).

Jesus realizou diversos milagres em Israel e tratarei dos mais importantes consignados em um ou mais de um evangelho. Só uns poucos aparecem nos quatro textos: a alimentação dos cinco mil; a conversão do pão e do vinho no corpo e no sangue de Cristo (fato não-aceito integralmente por todos os cristãos); e a ressurreição (não-aceita pelos cristãos judeus e pelos gnósticos).

Começarei pela pesca milagrosa (Lucas 5:1-11; João 21:6). Nessa ocasião, Jesus sugeriu a Simão Pedro que lançasse as redes num certo local e eles recolheram grande quantidade de peixes. Há aqui uma flagrante incoerência. Para Lucas, esse milagre ocorreu pouco antes de Jesus escolher Simão Pedro, Tiago, João e André como discípulos; João, porém, afirma que o incidente aconteceu depois de Cristo se levantar de entre os mortos! Aqui não temos uma inconsistência de menor importância, pois alguém certamente está errado quanto à época do milagre. Não bastasse isso, Lucas e João descrevem-no cada qual à sua maneira, o que levou a maioria dos estudiosos bíblicos a postular duas instâncias separadas do mesmo episódio. Francine sustenta que assim é e que Lucas parece mais coerente, porquanto Jesus queria demonstrar seu poder a Simão Pedro e André, para convencê-los a segui-lo como discípulos. João situa o episódio após a ressurreição e conta que um grupo de discípulos, reunido na praia, não reconheceu Jesus. Voltaremos a isso mais adiante; porém, o fato de ninguém o ter reconhecido se deve a que estava disfarçado. Jesus, disfarçado? É esperar para ver.

Em seguida, Jesus curou um homem que estava possuído pelo demônio na sinagoga. Mas antes de prosseguir, façamos alguns comentários. Há numerosos relatos de Jesus expulsando demônios ao longo dos quatro evangelhos e de outros livros do Novo Testamento. Na antiga Índia, milênios antes do nascimento de Cristo, inventou-se de ponta a ponta o conceito de entidade demoníaca. Quando uma pessoa caía doente, afirmava-se que estava dominada por maus espíritos ou demônios. Esse tipo de crença prevalece na África, América do Sul, Nova Guiné, Bornéu e outros lugares onde ainda existem tribos primitivas. O xamã ou curandeiro acorre com suas ervas e poções, dá passes para expulsar o "diabo" e cura o doente. Eu sempre afirmei que não existem nem demônios nem Satanás e que as chamadas "possessões" são, ou sintomas de esquizofrenia, ou produtos de uma mente hiperativa e sugestionável, sujeita a emoções violentas. Sob hipnose, certas pessoas podem realmente apresentar bolhas quando um cubo de gelo é colocado em seu braço ou mão e o hipnotizador lhes diz que se trata de um objeto em brasa. A mente é muito poderosa[...] sobretudo nos indivíduos altamente sugestionáveis ou psicologicamente enfermos.

Francine diz que os relatos sobre Jesus expulsando demônios são muitíssimo exagerados. Explica que houve inúmeros epilépticos cujas crises Jesus amenizou mantendo-os calmos, e um ou dois esquizofrênicos a quem ministrou ervas aparentemente eficazes; entretanto, a maioria dos tais "demônios" nada mais era que a crença judaica em maus espíritos, crença capaz de induzir doenças de vários tipos, as quais os autores da Bíblia transformaram em entidades malignas. Francine acrescenta que Cristo realizou muitas de suas curas pela imposição das mãos, a prece e a meditação. Ele entrava num estado alterado de consciência a fim de atuar como veículo ou canal da energia curativa de Deus. Aprendeu, na Índia, a alterar a consciência e mergulhar num estado de meditação profunda, prática terapêutica que ali era das mais utilizadas. Seja como for, Francine diz que as curas de Jesus provocaram enorme impacto nas massas incultas e a notícia de seus talentos se espalhou como um incêndio.

Quase todos os cientistas e estudiosos questionam a veracidade dos exorcismos, sustentando que não existe nenhuma prova científica para a possessão demoníaca. Afirmam que a maioria dos indícios nessa área sugere distúrbios psicológicos e doenças mentais. Mas, embora digam que a possessão demoníaca não existe, a Igreja antiga se aproveitava dos medos e crenças supersticiosas das massas em entidades malignas para reforçar seu dogma do diabo e do inferno. Muitas igrejas cristãs, ainda hoje, possuem seus exorcistas especializados, sobretudo a católica.

Em Marcos 1:23-8 e Lucas 4:33-6 lemos a história de um homem na sinagoga que, supostamente, estava possuído por um espírito imundo (Marcos) ou um demônio (Lucas). O possesso diz a Jesus que sabe ser ele o Santo de Deus. Jesus então manda que o espírito ou demônio saia do homem e ele o faz sem machucá-lo. Em Marcos, as testemunhas do episódio se maravilham; em Lucas, ficam assustadas, perguntando-se como pôde Jesus forçar um espírito maligno ou demônio à obediência.

Depois, Jesus cura a sogra de Pedro, que estava febril (Mateus 8:14-5; Marcos 1:29-31; Lucas 4:38-9), e de novo expulsa demônios ou espíritos imundos de muitas pessoas que o procuraram para libertar-se. Na maioria dos evangelhos, durante essa fase da vida de Cristo, parece que todos os parágrafos seguintes irão mostrar Cristo realizando algum milagre. Convinha aos antigos autores ou editores dos textos retratar Jesus como o Messias e fazê-lo executar o máximo possível de milagres a fim de atestar que ele era o Salvador Judeu mencionado em tantas profecias. Embora não fosse aceito como o salvador do povo judeu, tornou-se, graças à Igreja, o Redentor e Messias dos cristãos do mundo inteiro.

Jesus cura um leproso pela primeira vez (Mateus 8:1-4; Marcos 1:40-5; Lucas 5:12-4) e diz-lhe para não divulgar nada do que aconteceu, mas dirigir-se aos sacerdotes e fazer as oferendas regulamentadas pela Lei de Moisés. O episódio mostra claramente que Jesus tenta acomodar-se à tradição e às leis judaicas. Mostra também sua humildade, pois ele pede ao ex-leproso que não fale da cura a ninguém. Segundo Francine, Jesus sempre foi humilde por saber que quem lhe dava poder era Deus. Assim, conseguia refrear seu ego.

Francine conta ainda que, quando a fama de Jesus se espalhou, tornou-se difícil para ele ficar a sós a fim de orar e se comunicar com Deus. Multidões o seguiam aonde quer que fosse e outras o aguardavam nas localidades para as quais se dirigia. Algumas vezes, continua ela, ele lembrava um moderno astro de rock tentando atravessar a multidão de fãs. Satisfeita a curiosidade, agora as pessoas se apinhavam à sua volta em busca de cura ou para ouvir o que ele tinha a dizer. O Sinédrio (conselho judaico de sábios e anciãos que atuavam como juízes e legisladores de Israel), os fariseus (o partido político mais poderoso na época) e os sacerdotes inteiraram-se da notícia da popularidade de Jesus e muitos dos membros dessas corporações ficaram céticos e desconfiados. Alguns buscaram seu conselho e acreditaram nele, como Nicodemos; mas, conforme se verá, a maioria continuou a seguir a liderança do sumo sacerdote Caifás.

Em seguida, Jesus curou um paralítico (Mateus 9:2-8; Marcos 2:3-12; Lucas 5:18-25), fato que encerra um importante significado. Embora a cura em si fosse espetacular, são as palavras ditas ao homem que chamam nossa atenção. Jesus lhe disse que seus pecados estavam perdoados, verdadeiro absurdo aos olhos dos judeus, pois para eles só Deus podia perdoar. Sentindo crescer a animosidade por causa de sua declaração aparentemente ousada, Jesus se volta para o grupo de testemunhas, diz-lhes que tem mesmo o poder de redimir os pecados e, como prova, manda o paralítico levantar-se e caminhar — e o paralítico o faz. Desse modo, Jesus mostra à multidão que recebeu a faculdade de perdoar pecados do Pai celestial.

Para quem acredita em reencarnação, o fato mostra também que essa pode ter sido uma situação na qual o paralítico estava cumprindo seu karma. Jesus, sabendo disso, perdoou-lhe os pecados que o haviam sujeitado àquela obrigação kármica e, assim, o homem conseguiu andar. A conclusão faz sentido porque Cristo aprendera e aceitara a filosofia da reencarnação (a qual, como veremos, é evocada inúmeras vezes na seqüência), nada ignorando sobre o karma com sua lei de causa e efeito.

Constatamos sua postura a respeito no episódio do próximo milagre, mencionado em João 5:2-16, quando Cristo cura outro homem incapaz de andar em Betsaida (Betesda). Esse episódio também tem significado importante porque aconteceu no Sabá, outra infração às leis judaicas. Aqui, João alude a um chafariz em Jerusalém chamado Betsaida ("que tem cinco pórticos"), uma espécie de fonte de Lourdes. Conforme o relato de João, os doentes e aleijados se estiravam ao redor do chafariz porque, de vez em quando, um anjo de Deus descia sobre o espelho de água e agitava-lhe a superfície. Então, o primeiro que mergulhasse era curado instantaneamente. Jesus, aproximando-se do chafariz, notou junto à borda um homem que não podia andar e perguntou-lhe se desejava ser curado. O homem replicou que estava ali há muito tempo, mas não tinha ninguém que o levantasse e pusesse na água antes dos demais. Jesus o curou e foi-se embora; mas as pessoas, perguntando ao homem quem fizera aquilo, repreenderam-no porque a cura se dera no Sabá. Gosto especialmente da parte em que Jesus o reencontra no templo e lhe diz: "*Eis que já estás são; não peques mais para que te não suceda coisa pior*", pois há aqui, claramente, uma referência à reencarnação. De novo, vemos Jesus atribuindo ao pecado a causa da doença do homem, em virtude do karma, e aconselhando-o a não pecar mais para que esse karma não se agrave. Quando a multidão de judeus soube que fora Jesus o responsável pela cura em pleno Sabá, começaram a persegui-lo; ele, porém, lhes declarou que era o filho de Deus e recebera de Deus o poder para agir como o próprio Deus agiria.

A despeito da fama de Jesus, muitos judeus já se irritavam com aquela insistência em infringir diversas normas de seu código. Ao ver Jesus curando e operando milagres no Sabá, percebemos mais claramente o motivo pelo qual Francine disse que ele viera para "mudar a lei" e não cumpri-la. Se tivesse vindo para cumprir a lei judaica, decerto não a desafiaria como fez tantas vezes; mas se, como afirma Francine, veio para mudá-la, não hesitou nem um pouco em alterar o que achava que devia ser alterado.

Chegamos agora ao milagre em que Jesus ressuscita o filho de uma viúva de Naim (Lucas 7:11-5). O defunto estava sendo levado no esquife, acompanhado da mãe em lágrimas, e uma grande multidão seguia o enterro. Jesus, apiedando-se dela porque aquele era seu único filho, tocou o esquife e ordenou ao jovem que se levantasse; ele logo se sentou e começou a falar. Lucas prossegue (7:16): "*Todos ficaram possuídos de temor e glorificaram a Deus, dizendo: Grande profeta se levantou entre nós e Deus visitou o seu povo*".

Após operar tantos milagres, Jesus começou a se sentir um pouco frustrado, pois muitos que os presenciaram ainda não acreditavam ser ele o Messias. Como se vê pela passagem acima, as pessoas o consideravam um grande profeta, um curador divino. Foi por essa época que ele, amargurado, passou a insistir francamente em sua condição de Filho de Deus e Messias. Em apoio disso lemos logo adiante, em Lucas 7:22-3, que Cristo disse a dois discípulos de João Batista, vindos da parte de seu mestre para saber se ele de fato era o Enviado: "*Ide e anunciai a João o que vistes e ouvistes: os cegos vêem, os coxos andam, os leprosos são purificados, os surdos ouvem, os mortos são ressuscitados, e aos pobres, anuncia-se-lhes o evangelho. E bem-aventurado é aquele que não achar em mim motivo de tropeço*". Eis-nos de novo diante de uma inconsistência da Bíblia, pois João Batista já se convencera, por ocasião do batismo de Cristo, de que ele era realmente o Messias e até proclamou isso para quem quisesse ouvir. E agora o vemos em dúvida, mandando perguntar se Cristo era "aquele que devia vir"! Isso não faz sentido. A Bíblia, contudo, em muitas passagens parece contradizer-se e, para quem percebe essas falhas, a interpretação literal do texto deixa de ser válida.

Temos muitos outros milagres operados por Jesus: a cura do homem que tinha uma mão ressequida (Mateus 12:9-13; Marcos 3:1-6; Lucas 6:6-11), de novo no Sabá, e a cura do surdo-mudo possuído por um demônio (Mateus 12:22), após o que os fariseus passaram a ver em Jesus o próprio Belzebu. Mas Jesus lhes disse: "*Todo reino dividido contra si mesmo ficará deserto; e toda cidade ou casa dividida contra si mesma não subsistirá. Se Satanás expele a Satanás, dividido está contra si mesmo; como, pois, subsistirá o seu reino? E, se eu expulso demônios por Belzebu, por quem os expulsam vossos filhos? Por isso, eles mesmos serão os vossos juízes. Se, porém, eu expulso demônios pelo Espírito de Deus, certamente é chegado o reino de Deus sobre vós*" (Mateus 12:25-8).

Francine afirma que Jesus não acreditava em nenhuma entidade chamada Satanás e sabia muito bem que as tais "possessões" eram apenas doenças ou distúrbios mentais; entretanto, tinha de responder aos fariseus, apegados às suas crenças supersticiosas no

Maligno, e valia-se dessas crenças para dar a explicação. Francine afirma também que, no entender de Cristo, os males do mundo eram provocados pelo próprio homem, motivo pelo qual tanto desprezava a hipocrisia dos fariseus e do Sinédrio. Ainda segundo Francine, Jesus não ignorava que combatia contra os poderes estabelecidos e no fim teria de sofrer a Paixão por causa disso. No entanto, continuou infringindo as estúpidas leis judaicas e a hipocrisia dos judeus com todas as suas forças, enquanto procurava adiar ao máximo seu destino.

Examinaremos agora outro tipo de milagre operado por Jesus: aquele mediante o qual controlou as forças físicas da natureza. Lemos pela primeira vez sobre isso em Mateus 8:23-7, Marcos 4:36-40 e Lucas 8:23-5, quando Cristo e seus discípulos estão atravessando o mar de barco. Segundo os três evangelhos citados, de repente uma tempestade se levantou e ameaçou afundar o barco; Jesus dormia e os discípulos o acordaram. Ele então "repreendeu" o vento e a água, e a tormenta imediatamente serenou.

Vemos também Jesus caminhar sobre a água (Mateus 14:22-3; Marcos 6:45-51; João 6:17-21) e mandar seus discípulos à frente num bote, prometendo juntar-se a eles depois de orar sozinho numa montanha. Mateus floreia a narração desse incidente fazendo Pedro tentar imitar Jesus logo que o avistou; mas a fé de Pedro era pouca e ele afundaria se o mestre não o socorresse.

Em Marcos 8:22-5, Jesus cura um cego cuspindo-lhe nos olhos. Francine explica que ele utilizou água com alto teor alcalino, na qual molhou as mãos para em seguida lavar os olhos do homem. Isso eliminou as cataratas e as crostas ali formadas pelas moscas. Ainda hoje, quando vou ao Quênia, vejo os masais e outras tribos, como os samburus, com o rosto, os braços e as mãos fervilhantes de moscas, que eles jamais enxotam. Isso me deixa bastante nervosa, mas creio que acham inútil espantá-las, pois são muitas, e elas vão tranqüilamente depositando seus ovos na pele úmida. Mas consideremos o seguinte: não é espantoso que Jesus soubesse o remédio certo para curar o problema? Muito de seu conhecimento e métodos de cura ele aprendeu na Índia, mas recebia também informações de Deus. Não era médico formado; ainda assim, a orientação divina o provia de métodos e habilidades curativas, além do conhecimento de ervas medicinais. Os verdadeiros emissários de Deus agiam assim, recorrendo à experiência e às visões.

Jesus curou ainda mais dois cegos (Mateus 9:28-30) impondo-lhes as mãos e, segundo a Bíblia, por causa de sua fé. Muitas das curas dele são descritas dessa maneira. Como já expliquei em outros livros, a mente às vezes é um instrumento poderosíssimo para a autocura. Já vi a hipnose operar maravilhas em muitos clientes, que chegaram a se livrar do câncer e outras moléstias graves. Os métodos de meditação, que apuram a capacidade mental de visualizar, vêm sendo usados pela medicina holística, com grande sucesso, para combater vários tipos de doença. Quando a mente se convence, transmite ao corpo essa convicção e a cura pode acontecer. Se, no caso em questão, os homens ficaram convencidos no íntimo de que Cristo era capaz de curá-los, ficaram de fato curados, não só pelos dons de cura de Cristo, mas também por sua própria fé.

Igualmente nesse episódio vemos Cristo ordenando aos homens que não falassem a ninguém sobre a cura e a pessoa responsável por ela. Ele sempre diz isso: não revelem a ninguém que eu os curei. Mas a natureza humana é irrefreável e as pessoas beneficiadas logo saíam propalando que fora Jesus quem as livrara da doença. Penso que Jesus agia assim na tentativa de pôr um freio à sua popularidade, que ia aumentando mais e mais; todavia, conforme lemos na Bíblia, isso de nada valeu e sua fama continuou a espalhar-se por toda parte.

Jesus realizou muitos outros milagres durante suas viagens pela Galiléia: expulsou uma legião de demônios de um homem de Gadara, fazendo-os entrar em porcos que se precipitaram no mar (Mateus 8:28-32; Marcos 5:2-13; Lucas 8:27-33); ressuscitou a filha de doze anos de Jairo, um chefe da sinagoga (Mateus 9:18-25; Marcos 5:22-42; Lucas 8:41-56); estancou a hemorragia de uma mulher apenas tocando-lhe a veste (Mateus 9:20-2; Marcos 5:25-34; Lucas 8:43-8); fez falar um mudo supostamente tomado por um demônio (Mateus 9:32-3); de novo a distância, curou a filha possessa de uma mulher que tinha fé (Mateus 15:22-8; Marcos 7:25-9); curou um surdo (Marcos 7:32-7); fez outro tanto a muitos cegos, coxos, mudos e aleijados (Mateus 15:30-1); endireitou a espinha disforme de uma mulher, também no Sabá (Lucas 13:10-7), de novo infringindo a lei e o costume judaicos; ressuscitou Lázaro (João 11:1-44); curou um homem da hidropisia (edema), no Sabá e bem diante dos fariseus (Lucas 14:1-6); curou dez leprosos (Lucas 17:12-9); devolveu a visão a outros dois cegos sentados à beira da estrada (Mateus 20:30-4), incidente mencionado também por

Marcos e Lucas, que no entanto falam em seus textos de um cego só (Marcos 10:46-52; Lucas 18:35-43); finalmente, repôs a orelha de um servo do sumo sacerdote, cortada por um dos discípulos quando Jesus foi preso (Lucas 22:50-1). Há muitos outros milagres operados por Cristo que desejo examinar mais de perto.

Jesus curou um menino possuído (Mateus 17:14-20; Marcos 9:16-28; Lucas 9:38-43) — e, quando lemos essa história, logo percebemos que não se trata de possessão, mas de epilepsia. O menino teve um ataque do grande mal na frente de Jesus, contorcendo-se e espumando pela boca. Quem conhece as diversas formas de epilepsia logo percebe que muitas das "possessões" da Bíblia descrevem na verdade esses episódios clínicos. Jesus sabia que, após a crise, o menino deveria dormir. Quando eu era professora e tinha um aluno epiléptico, seu médico me informou depois de ele ter um ataque que o sono era o melhor remédio. Esse conselho foi dado no século XX e Cristo conhecia o tratamento há quase dois mil anos! Devemos nos lembrar de que, quando a Bíblia foi escrita, as pessoas não sabiam quase nada de doenças como a epilepsia e achavam que as pessoas afligidas por esse mal estavam "possuídas por Satanás ou demônios". A ignorância desses tipos de enfermidade transformou-se em crença, perpetuada e acatada ainda hoje, o que mostra como a superstição pode ser transmitida ao longo das gerações.

Jesus multiplicou um punhado de pães e peixes a ponto de com eles conseguir alimentar milhares de pessoas. Isso, em verdade, ocorre duas vezes na Bíblia: da primeira vez, ele alimenta cinco mil (Mateus 14:15-21; Marcos 6:36-44; Lucas 9:12-7; João

6:5-13); da segunda, quatro mil (Mateus 15:32-8; Marcos 8:1-9). Francine diz que Jesus curou também Bartimaus, um cego de nascença, misturando argila com saliva e aplicando-a aos olhos do homem; depois, mandou-o lavá-los num poço das imediações. Bartimaus obedeceu e descobriu que agora podia ver (João 9:1-44). O evangelho de João considera isso um milagre importante, já que lhe devota um capítulo inteiro.

Os estudiosos afirmam que os quatro evangelhos da Bíblia foram escritos entre 50-70 d.C. e 120 d.C. Para a maioria, o primeiro foi o de Marcos, seguido dos de Mateus, Lucas e João. Este último parece até certo ponto único em comparação com os demais, por isso mesmo chamados *evangelhos sinóticos* — eles contam a história de Jesus praticamente da mesma forma. Também o de João conta a vida de Cristo, mas às vezes diverge dos outros sobretudo na linha narrativa e na inclusão de episódios inéditos. É o caso da cura de Bartimaus, que os outros evangelhos não mencionam.

Igualmente curiosa é a circunstância de João citar menos milagres que Mateus, Marcos e Lucas; mas os que cita parecem muito importantes. Vemos ainda que seu evangelho é de natureza bem mais filosófica e que o autor procura de todos os modos transmitir essa filosofia. Por exemplo, na história da cura de Bartimaus (João 9:1-3) percebe-se de novo a premissa da reencarnação e do karma: "*Caminhando Jesus, viu um homem cego de nascença. E os seus discípulos perguntaram: Mestre, quem pecou, este ou seus pais, para que nascesse cego? Respondeu Jesus: Nem ele pecou, nem seus pais; mas foi para que se manifestem nele as obras de Deus*". Aqui, os discípulos perguntam sem rodeios se o homem pecara (numa vida passada) ou se pecaram seus pais (incorrendo em karma por ter um filho cego de nascença), pois que o homem *nascera* cego. Jesus explica que nenhuma dessas razões é válida: bem sabia que o homem nascera cego para que ele o curasse na hora certa e o povo se cientificasse de seu poder divino. É o que Cristo quer dizer com "para que se manifestassem nele as obras de Deus", ou seja, a atuação do Filho e do Pai na cura.

O capítulo apresenta mais pontos filosóficos quando Bartimaus é levado à presença dos fariseus para explicar como fora curado e quem o curara. Uma das principais premissas da reencarnação é que às vezes as almas evoluídas escolhem vidas problemáticas (com cegueira, deficiência física, síndrome de Down, etc.) a fim de ajudar seus semelhantes a evoluir também. Sem esses seres maravilhosos, muitas pessoas não conseguiriam aprender nem aperfeiçoar sua alma, o que é facilitado pelo contato com eles na qualidade de pais, filhos, amigos, etc. O indivíduo que encarnou como Bartimaus veio cego a este mundo para ser um exemplo brilhante do supremo dom de curar de Cristo e do poder de Deus.

Passo agora a examinar o milagre da Transfiguração de Cristo (Mateus 17:1-9; Marcos 9:1-8; Lucas 9:28-36). Nesse episódio, Jesus conduz vários de seus discípulos ao alto de uma montanha e ali se transfigura, enquanto os discípulos o observam conversando com Elias e Moisés. A Bíblia explica "transfiguração" como um fulgor de luz celeste que envolve Cristo e lhe dá às roupas uma brancura de neve. O que ela tenta descrever é uma experiência fora do corpo (projeção ou viagem astral) por parte de Jesus. Graças a seus poderes e treinamento na Índia, Cristo podia fazer isso na hora que quisesse e com mais eficiência, provavelmente, que muitos. Os discípulos o viram, pois, em estado astral. Quando uma pessoa mergulha nesse estado (quase todos nós o fazemos pelo menos duas ou três vezes por semana, mas nem sempre o recordamos conscientemente), reveste-se de seu corpo astral, ou seja, o corpo da alma, e não raro passa para o Outro Lado (céu). Foi o que sem dúvida fez Jesus: em estado astral, passou para o Outro Lado a fim de conversar com Moisés e Elias. Os três se apresentaram em toda a sua glória, pois essa era mesmo a sua condição. Como já expliquei em meus livros, no Outro Lado as cores são muito mais vívidas (consulte as passagens evangélicas que descrevem o "branco como a neve"), podendo o brilho e o semblante mudar de acordo com a preferência pessoal. Nesse ponto, o milagre não é Jesus mergulhar no estado astral, pois muitos de nós fazemos isso vez por outra; o milagre é os discípulos poderem ver e ouvir Cristo, Moisés e Elias no Outro Lado. O incidente da Transfiguração termina com Deus assumindo a forma de uma nuvem e ordenando aos discípulos que ouçam Jesus.

Minha guia explica que quase todos os milagres atribuídos a Jesus Cristo foram reais, mas alguns exagerados pelos autores da Bíblia. Ela diz que Jesus sabia decerto que estava muito à frente do seu tempo. Lázaro constitui um bom exemplo. Ele não morrera (a Bíblia diz que jazia no túmulo há quatro dias quando Jesus se aproximou dele), mas se achava em coma profundo. Nosso Senhor logo o percebeu e começou a falar-lhe para trazê-lo de volta à consciência. (Os médicos vêm ultimamente aconselhando a conversar com os comatosos, pois assim as chances de despertarem são maiores). De novo enfatizo o avançado grau de conhecimento de Jesus: ele sabia de fatos médicos que só agora estão vindo à luz.

Graças à combinação de saber inato, conhecimento acumulado na Índia, Egito e Extremo Oriente, e informação direta do Pai celestial, afora seus talentos paranormais e o poder divino a que sempre podia recorrer, nosso Senhor foi o maior operador de milagres na história do mundo. Esses milagres e curas são sem dúvida parte significativa do legado que ele deixou como prova de sua divindade.

CAPÍTULO 5

Maria Madalena. As Bem-aventuranças de Cristo

Havia tantas mulheres chamadas Maria em Israel que até a Bíblia às vezes se confunde: um quarto delas tinha esse nome ou uma derivação qualquer. Nos velhos tempos bíblicos, os homônimos eram identificados pelo acréscimo do nome do pai, da cidade ou da região de onde provinham. Assim, como exemplos dessa forma de identificação, temos Maria Madalena (Maria de Magdala) e Maria de Betânia, Tiago filho de Zebedeu e Tiago filho de Alfeu. Menciono o fato porque durante séculos a Igreja Católica associou Maria Madalena a uma pecadora e à mulher que ungiu os pés de Cristo, enxugando-os com os cabelos, e até à adúltera salva por ele, conforme lemos em João 8:3-11. A Igreja errou completamente ao retratar todos esses fatos.

Hoje, a maioria dos estudiosos acredita que Maria Madalena não era nenhuma das mulheres acima citadas e que, na verdade, as duas descrições acima citadas são de pessoas inteiramente diferentes. Maria de Betânia era irmã de Lázaro e Marta, e, para os estudiosos, provavelmente a pecadora que ungiu a cabeça e os pés de Cristo com precioso bálsamo, conforme lemos em Mateus 26:7-13, Lucas 7:37-49 e João 11:1-2. A Bíblia não informa que tipo de pecadora era ela, mas quase todos os eruditos a supõem prostituta. A mulher adúltera em João 8:3-11 não é nomeada nem parece ter qualquer conexão com Maria Madalena e Maria de Betânia; trata-se de uma terceira pessoa, cujo nome ignoramos.

Por que a Igreja considerou Maria Madalena uma pecadora, alguém de má reputação? Talvez a Igreja soubesse o que eu sei e pretendesse ocultar o casamento, a mútua devoção de Jesus e Maria Madalena com medo de que isso comprometesse a divindade do Cristo. A Igreja também não tolerava a preeminência de mulheres e, decerto, não reconheceu Maria Madalena como auxiliar, parceira ou mesmo discípula principal, quanto mais esposa de Jesus. Os esforços da Igreja primitiva sem dúvida lograram êxito, pois, embora ela haja recentemente absolvido Maria Madalena do edito ignominioso do papa Gregório I em 591 d.C. e agora a considere santa, o edito firmou para sempre sua imagem como prostituta e pecadora (coisa em que muitos cristãos ainda acreditam).

Esclareçamos também a história de Cristo expulsando sete demônios de Maria Madalena (Lucas 8:2; Marcos 16:9). A Igreja antiga já decidira que Maria Madalena era uma pecadora e prostituta a ser enfim redimida por Jesus. Para montar essa farsa que acabou sendo aceita, a Igreja teve de manipular os fatos na redação final da Bíblia. Haveria maneira melhor de confirmar o pecado de Maria Madalena do que lhe impingir sete diabinhos, responsáveis por seu mau comportamento? Jesus, pondo esses diabinhos para correr, transformou-a imediatamente numa "pecadora" redimida e salva, digna de ser a primeira a avistar Cristo após sua suposta ressurreição. Francine garante que essa história dos sete demônios de Maria Madalena é inteiramente falsa. Como eu já disse antes, Jesus conhecia Maria Madalena desde a infância, amava-a e acabou se casando com ela.

Também é estranho que os sete demônios se tornassem mais tarde os sete pecados mortais da Igreja. Jesus se inteirara na Índia da crença segundo a qual as doenças são provocadas por *jiins* (demônios) malignos, pois lá não se sabia nada a respeito de germes ou doença. A prática da sangria, para deixar sair os maus humores ou diabos, baseia-se nessa crença. Jesus, comunicando-se com gente iletrada, tinha de recorrer às crendices e terminologia que eles pudessem aceitar. Segundo Francine, ele via bem a diferença, mas de outra forma ninguém o entenderia e por isso lançou mão dos únicos recursos ao seu dispor. Pode o leitor imaginar quão difícil seria dizer a um populacho ignorante e supersticioso que sua crença entranhada em Satanás e nos demônios causadores de doenças era absurda? Não seria possível a Jesus extirpar semelhante crença; ririam dele e o perseguiriam mais do que realmente aconteceu. Preferiu seguir o caminho mais fácil e deixá-los acreditar que de fato expelia demônios em vez de curar doenças. Sua missão era importante demais e ele não se arriscaria a ser sabotado por causa de superstições arcaicas.

Em Lucas 8:3, Maria Madalena, Joana, esposa de Cuza (procurador de Herodes), uma mulher chamada Suzana e muitas outras serviam a Jesus e seus discípulos com os seus bens — quer dizer, eram ricas. Isso corrobora o que eu disse antes sobre Maria Madalena ser de uma família próspera. Essas e outras mulheres auxiliavam Jesus e os discípulos durante suas viagens pagando-lhes as despesas e prestando-lhes serviços como remendar e lavar roupas, além de cozinhar. Jesus e Maria Madalena já se haviam casado em Caná; mas muitos outros discípulos também tinham esposas, sendo portanto de presumir que algumas delas, se não todas, os acompanhassem. Jesus e os discípulos tinham, pois, recursos para viajar à vontade e não era inconveniente, em sua vida pública, que o fizessem com suas esposas. Embora se reprovasse a presença de mulheres solteiras em viagem com homens, o número de pessoas que seguiam Jesus tornava tudo mais fácil, pois elas, por assim dizer, se perdiam na multidão. O grupo principal era como o de qualquer outra sociedade e Jesus, em seu ministério, insistia no tratamento igualitário de homens e mulheres.

À medida que a fama de Jesus se espalhava, mais e mais seguidores ou discípulos iam juntar-se a ele. Contavam-se por centenas e muitos eram enviados à frente para anunciar a próxima chegada do mestre a localidades da Galiléia e Judéia. Informavam então ao povo em geral que um grande profeta estava prestes a chegar e que talvez operasse ali curas ou milagres. Para onde Jesus se dirigisse, multidões o aguardavam, principalmente aqueles que precisavam do milagre da cura. E havia também, em meio à multidão, sacerdotes e fariseus que depois relatariam ao Sinédrio todas as ações e palavras de Jesus.

As leis e costumes judaicos eram muito rigorosos; a mínima infração atraía censuras e castigos. Jesus, que estudara e acumulara grande sabedoria em terras estrangeiras, achava estúpidos e insensatos muitos desses costumes e leis. Discordava sobretudo da lei do Sabá, que vedava a prática de boas obras nesse dia. Infringiu-a inúmeras vezes, de acordo com a Bíblia. Perdoava os pecados do povo, o que era tido como atitude blasfema porque só Deus pode fazer isso, e acabou por incorrer na ira dos fariseus, sacerdotes e membros do Sinédrio. Quando pressionado por um sacerdote ou fariseu a propósito da lei, invariavelmente os acusava de hipocrisia, provando-lhes sem possibilidade de contestação por que estava certo e eles, errados. O povo, de um modo geral, se maravilhava e se espantava ao ouvir seus ensinamentos e explicações, de sorte que ele foi se tornando cada vez mais popular.

Essa popularidade colocou o Sinédrio e os fariseus numa enrascada. Se tentassem prendê-lo ou denunciá-lo publicamente, perderiam prestígio aos olhos do povo e talvez provocassem mesmo uma rebelião generalizada. Assim, premidos pela inveja e o apego ao poder ameaçado, fariseus e Sinédrio puseram-se a tramar a morte de Jesus de Nazaré. Precisavam enredá-lo em suas próprias palavras, de sorte que espiões lhes vinham relatar constantemente as declarações de Jesus segundo as quais ele era mesmo o Messias profetizado. Sabiam que o Nazareno era uma ameaça a seu poder, ameaça tanto maior quanto mais popular o Jesus se tornava. Não podiam deixá-lo percorrer impunemente o país proferindo heresias e blasfêmias contra as leis rigorosamente judaicas, mas viam também que ele ia se tornando mais e mais ousado, mais insinuante em palavras e pregações. Nas malhas da lei, então, é que contavam apanhá-lo.

Jesus, em suas pregações e ensinamentos, falava de um Deus de amor, compassivo e terno; já os fariseus e o Sinédrio se apegavam ao Deus mosaico com suas normas e mandamentos rígidos. O Deus de Moisés era tal que, quando alguém não acreditava nele, tornava-se vingativo e colérico, fazendo chover desgraças sobre o incrédulo e condenando-o a uma vida de sofrimentos no inferno após o Dia do Juízo. Mas eis que vem Jesus, o mensageiro divino encarregado de estabelecer a verdade de uma vez por todas. A religião, naquele tempo — e às vezes, infelizmente, ainda hoje — fundava-se na culpa, na humilhação e no terror de Deus.

Os sermões de Jesus em público revelavam toda a sua bondade e sabedoria na divulgação da "Nova Lei". Suas Bem-aventuranças, penso eu, são muito mais vigorosas que os escritos de qualquer outra religião. Nada mais singelo que estes mandamentos: *"Ama ao próximo como a ti mesmo"* e *"Não faças aos outros o que não queres que te façam"*. Essas pérolas de sabedoria eterna englobam quase todos os Dez Mandamentos, exceto a primeira parte, que ordena: "Não terás outros deuses além de mim, e de mim não farás nenhuma imagem entalhada", "Não tomes em vão o nome do Senhor" e "Observa o Sabá para o santificar". O conceito judaico de Deus atribui a ele sentimentos humanos como amor, ira, inveja, etc. O Deus dos Dez Mandamentos é, em definitivo, um Deus do Velho Testamento, que apresenta traços humanos como raiva e despeito e, no texto hebraico do primeiro mandamento, chega a declarar que sente ciúmes dos outros deuses.

Vemos, pois, que os ensinamentos de Jesus eram muito simples em comparação com o rigor dos dogmas da época. Aqui não cabe nenhuma censura, pois as pessoas só sabem aquilo que lhes foi ensinado. Hoje acontece o mesmo: em minhas palestras, observo pessoas infelizes julgando que Deus as odeia, que fizeram algo para irritá-lo ou que ele as ignora. Nada disso é verdade, mas as velhas normas demoram a morrer e Cristo tinha diante de si uma jornada difícil, sofrida, traçada por Deus.

Mas ele perseverou, mesmo sob pressão do Sinédrio e de todas as formas de ceticismo e ridículo. Como eu já disse, quase foi precipitado do alto de uma colina e várias vezes o povo o quis apedrejar por causa de seus ensinamentos. Cristo continuou perambulando, procurando atingir o maior número de pessoas o mais rápido que podia, pois não ignorava que seu tempo era curto. Viajou principalmente pela Galiléia porque, na Judéia, era sempre perseguido por seus inimigos. Em geral era acolhido bem, nas melhores casas, por pessoas que cultivavam as crenças gnósticas e simpatizavam com seu ministério.

Você sem dúvida conhece as Bem-aventuranças que ele pregou em sua vida pública, mas quero repeti-las aqui na esperança de que talvez as leia com novos olhos ou com uma compreensão mais profunda desses ensinamentos. Há, na verdade, dois conjuntos de Bem-aventuranças; as mais conhecidas se acham no capítulo 5 do evangelho de Mateus, as outras no capítulo 6 de Lucas, que às vezes comunica a mesma sabedoria em termos diferentes. As Bem-aventuranças cobrem e examinam todas as facetas da vida;

começaremos pelas que podemos chamar de secundárias, encontradas em Lucas.

Lucas (6:17-49) diz: "*E, descendo com eles, parou numa planura onde se encontravam muitos discípulos seus e grande multidão do povo de toda a Judéia, de Jerusalém, e do litoral de Tiro e de Sidom, que vieram para o ouvirem e serem curados de suas enfermidades*". (Isso mostra o alcance de sua popularidade, devida sobretudo à ação dos discípulos, que convidavam o povo a ouvir aquele homem divino, capaz de livrá-los de doenças e espíritos imundos.) "*Também os atormentados por espíritos imundos eram curados. E todos da multidão procuravam tocá-lo, porque dele saía poder, e curava a todos.*" (Jesus já era, pois, conhecido como curador, mas ninguém notava que a energia [virtude] de cura a ele fornecida por Deus se projetava como energia cinética para curar todos à sua volta. Bem sabemos que, se nos livrarmos do medo e da dúvida, e tivermos fé suficiente, poderemos ser curados.) "*Então, olhando ele para os seus discípulos, disse-lhes:*

> *Bem-aventurados vós, os pobres, porque vosso é o reino de Deus.* (Sem dúvida toda pessoa percebe, ao ler essas palavras, que elas não se dirigem unicamente aos pobres, mas também aos que, livres da obsessão pelos bens mundanos, continuam fiéis a Deus.)
>
> *Bem-aventurados vós, os que agora tendes fome, porque sereis fartos.* (Tanto espiritual quanto fisicamente.)

Bem-aventurados vós, os que agora chorais, porque haveis de rir. (Tudo passa; e mesmo que esta vida seja dura, o Outro Lado está repleto de alegrias.)

Bem-aventurados sois quando os homens vos odiarem e quando vos expulsarem da sua companhia, vos injuriarem e rejeitarem o vosso nome como indigno, por causa do Filho do Homem. (Jesus fala para nós, mas também para si mesmo, pois, se alguém trabalha verdadeiramente na obra de Deus, quem poderá feri-lo?)

Regozijai-vos naquele dia e exultai, porque grande é o vosso galardão no céu; pois dessa forma procederam seus pais com os profetas. (Temos de seguir o nosso próprio Deus e o amor de Deus: o resto não importa.)

Mas ai de vós, os ricos! Porque tendes a vossa consolação. (Não quer dizer que você não possa ser rico, apenas que a riqueza não deverá dominá-lo e bloquear sua espiritualidade.)

Ai de vós, os que estais fartos! Porque vireis a ter fome. Ai de vós, os que agora rides! Porque haveis de lamentar e chorar. (Essa parece uma postura negativa, mas Jesus está tentando mostrar como a vida muda depressa e que nós devemos reconhecer a existência tanto do bem quanto do mal.)

Ai de vós, quando todos vos louvarem! Porque assim procederam seus pais com os falsos profetas. (Tomemos cuidado com o nosso ego. Vigiemo-nos e não nos deixemos apanhar pelo sentimento de nossa santidade.)

Digo-vos, porém, a vós que me ouvis: Amai os vossos inimigos, fazei bem aos que vos odeiam. (Ódio gera ódio, que é negativo e conduz ao mal. Aqui, Jesus se insurge também contra o axioma do Velho Testamento "Olho por olho, dente por dente".)

Bendizei aos que vos maldizem, orai pelos que vos caluniam. (Evite a armadilha de pagar na mesma moeda quando fizerem a você algum mal, pois negatividade atrai negatividade.)

Ao que te bate numa face, oferece-lhe também a outra; e ao que tirar a tua capa, deixa-o levar também a túnica. (Violência gera violência. Notamos aqui, também, as influências passivas dos estudos de Jesus no Extremo Oriente.)

Dá a todo o que te pede; e, se alguém levar o que é teu, não entres em demanda. (Dar a quem pede é obra divina; no entanto, tome cuidado com o que você próprio pedir.)

Como quereis que os homens vos façam, assim fazei-o vós também a eles. (A regra de ouro.)

Se amais os que vos amam, qual é a vossa recompensa? Porque até os pecadores amam aos que os amam.

Se fizerdes o bem aos que vos fazem o bem, qual é a vossa recompensa? Até os pecadores fazem isso.

E, se emprestais àqueles de quem esperais receber, qual é vossa recompensa? Também os pecadores emprestam aos pecadores, para receberem outro tanto.

(Os três axiomas acima dizem praticamente a mesma coisa: dar sem o intuito de receber é obra divina; mas dar na esperança de recompensa não o é.)

Amai, porém, os vossos inimigos, fazei o bem e emprestai, sem esperar nenhuma paga; será grande o vosso galardão, e sereis filhos do Altíssimo. Pois ele é benigno até para com os ingratos e maus. (Faça boas obras sem esperança de recompensa e trate os semelhantes com brandura. Note que aqui, novamente, Jesus nos mostra um Deus piedoso e compassivo, que zela com amor até mesmo pelos ingratos e perversos.)

Sede, pois, misericordiosos como misericordioso é o vosso Pai. (Procure ser terno, dedicado e compassivo como Deus.)

Não julgueis e não sereis julgados; não condeneis e não sereis condenados; perdoai e sereis perdoados. (Esse é o meu trecho favorito e realmente gostaria que muitos dos chamados "cristãos" o guardassem em suas almas. Um verdadeiro cristão jamais diria: "Se não fores salvo pelo sangue de Cristo, irás para o inferno", pois isso não é apenas julgar, mas condenar. Se ouvir um padre ou pastor dizer isso[...] saia de mansinho, pois ele realmente não entendeu nada da mensagem de Cristo.)

Dai, e dar-se-vos-á; boa medida, recalcada, sacudida, transbordante, generosamente vos darão; porque com a medida com que tiverdes medido vos medirão também. (Isso significa, pura e simplesmente, que você terá de volta aquilo que der de bom ou de mau.)

Pode, porventura, um cego guiar a outro cego? Não cairão ambos no barranco? (Pense bem: se você seguir obedientemente uma pessoa cega para a verdade, logo será como ela.)

"O discípulo não está acima do seu mestre; todo aquele, porém, que for bem instruído será como o seu mestre." (Ninguém está acima de Deus; mas, se nos esforçarmos para ser como ele, diante dele seremos perfeitos, independentemente de nossa fé ou religião.)

Aquelas que chamo de Bem-aventuranças mais conhecidas estão em Mateus. Não quis, porém, negligenciar as de Lucas porque elas mostram Cristo tentando nos dar uma fórmula de vida, que antes não passava de conhecimento esotérico. Essas Bem-aventuranças descem às raízes da existência, vivenciando e examinando as situações do cotidiano, permitindo-nos descobrir nossa própria espiritualidade. Vemos de novo que Jesus estava mais interessado na maneira como a pessoa levava sua vida do que no escrúpulo com que obedecia a normas, leis e dogmas de uma religião.

Encontramos em Mateus 5:1-12 as Bem-aventuranças mais freqüentemente citadas, "clássicas", que aparecem no Sermão da Montanha:

"Vendo Jesus as multidões, subiu a um monte, e, como se assentasse, aproximaram-se os seus discípulos; e ele passou a ensiná-los, dizendo:

> *Bem-aventurados os humildes de espírito, porque deles é o reino dos céus.* ("Humildes" significa aqui "sem complicações", "sem dogmas"; Jesus se refere às pessoas que apenas amam singelamente a Deus.)
>
> *Bem-aventurados os que choram, porque serão consolados.* (Todos morremos, mas todos sabemos também que um dia nos reuniremos no Outro Lado.)
>
> *Bem-aventurados os mansos, porque herdarão a terra.* (Isso eu sempre achei um pouco irônico. Se você for muito manso, muito tímido, não herdará mais que este mundo. Portanto, apegue-se à sua crença.)

Bem-aventurados os que têm fome e sede de justiça, porque serão fartos. (Se você for honesto e justo, será atendido, não importa o quanto espere.)

Bem-aventurados os misericordiosos, porque alcançarão misericórdia. (Isso nem sempre acontece, mas o karma também atua de maneira positiva.)

Bem-aventurados os limpos de coração, porque verão a Deus. (Todos veremos Deus no Outro Lado, após nossa jornada de muitas vidas.)

Bem-aventurados os pacificadores, porque serão chamados Filhos de Deus. (Há muito conflito neste mundo e, se você tentar manter a paz, conduzirá a alma no rumo de uma maior espiritualidade.)

Bem-aventurados os perseguidos por causa da justiça, porque deles é o reino dos céus. (Aqui se pode entrever o treinamento espiritual passivo de Jesus na Índia, pois muitas das Bem-aventuranças parecem orientadas karmicamente. Lembre-se sempre de que, não importam as injustiças sofridas na vida, Deus sempre conhece a verdade.)

Bem-aventurados sois quando, por minha causa, vos injuriarem, e vos perseguirem, e, mentindo, disserem todo mal contra vós. Regozijai-vos e exultai, porque é grande o vosso galardão nos céus: "pois assim perseguiram aos profetas que viveram antes de vós". (Sei que, para muitos, isso significa ser perseguido por acreditar em Cristo; eu, porém, prefiro interpretá-lo como ser perseguido por acreditar na verdade, da qual Jesus era o símbolo. O fato lembra também, em muito, minha própria vida, pontilhada de críticos e detratores. Cristo recomenda, mais tarde, não esconder a lâmpada debaixo do alqueire, mas deixá-la brilhar diante dos homens. Bem[...] acho que estou tentando fazer isso e sei que, após a morte, irei para o Outro Lado, como todos os seres humanos.)

Tudo se resume em viver bem, dar conforto a todos os que sofrem as dificuldades da vida e sair e mostrar seu amor e conhecimento. Como sempre disse, ame a Deus, pratique o bem, cale-se e recolha-se. Se você realmente acredita em Deus e o ama, ajude seu semelhante: a chama oculta da verdade e da espiritualidade não lhe fará nenhum bem, caso permaneça em casa contemplando-a. Saia para o mundo a fim de ajudar o próximo. Não precisa ir por aí pregando e convertendo; apenas faça boas obras em proveito dos demais, pois assim estará cumprindo seu destino independentemente de suas idéias e propósitos.

Ao ensinar o Pai-nosso na montanha, Jesus mostrou de novo a que ponto reverenciava seu Pai celestial. Jamais iniciou essa prece dizendo "Jesus nosso, que estás na Terra". E o fato é curioso, pois o cristianismo fez dele o Deus único, esquecendo o Pai e, mais ainda, a Mãe!

Tudo isso você certamente poderá ler por conta própria na Bíblia, mas, conforme recomendei, leia-o com uma visão nova do amor, da vida correta e da busca espiritual. Jesus disse isso mesmo na tradição gnóstica: "Procurai e achareis, batei e a porta se abrirá". Se você deixar de procurar a verdade, se tornará complacente e nunca compreenderá a vida de Jesus Cristo.

Enquanto percorria a Galiléia e regiões circunvizinhas, Jesus falava principalmente no Reino de Deus, no amor e no perdão divinos. Ele era o que hoje chamaríamos não só de mestre espiritual, mas também de orador motivacional. Ele era o único que dizia ao povo como viver, tratar os empregados, perdoar o filho ingrato, cuidar das viúvas e até administrar uma casa, viver um casamento feliz e controlar as finanças. Tal como faria hoje, dava conselhos sobre todos os problemas sociais da época: fanatismo, opressão, impostos e situação política. Era aquilo que dizia ser, um pastor conduzindo suas ovelhas a pastagens férteis, sem nunca perder a esperança em nada.

Maria Madalena estava sempre com ele e até tomava notas. Quando seu evangelho foi descoberto em Akhmim, Egito, no ano de 1896, viu-se que continha informações muito esclarecedoras, pela maioria inexistentes nos quatro textos canônicos. Revelava, sem nenhuma dúvida, que Jesus transmitia a Maria Madalena todos os seus ensinamentos e ela os compreendia melhor que qualquer dos outros discípulos, pois ficou conhecida mais tarde como a "Mestra dos Apóstolos". Isso é uma grande honra, considerando-se a condição das mulheres na época. Alguns textos gnósticos consideram-na o primeiro "discípulo" ou "apóstolo" porque ela entendia a fundo as lições do mestre e até as explicava a Pedro e Tiago. No Evangelho Gnóstico de Filipe, reconhece-se que Jesus freqüentemente beijava Maria Madalena na boca e que ela era a mais amada entre todos os discípulos. O evangelho de Filipe é também um dos motivos pelos quais alguns estudiosos de hoje pensam que Jesus e Maria Madalena eram realmente casados.

Afora seu ministério, nunca ouvimos falar de um "Cristo social". Minha guia afirma que Jesus tinha bastante senso de humor e gostava de crianças, sendo muitas vezes visto a brincar alegremente, com um tipo de bola e arco, entre os pequeninos. Francine conta também que ele apreciava o que hoje chamaríamos de piquenique. Levava comida e bebida para um bosque de oliveiras, e ali se divertia comendo, bebendo e conversando sobre vários assuntos com seus discípulos e amigos.

Também gostava de visitar não só as casas dos pobres, mas também as dos ricos, onde lhe ofereciam jantares. Dava-se com pessoas de todas as raças e religiões, muito embora aquela região do país não fosse exatamente um lugar de mistura de raças. Mas sempre havia caravanas e mercadores indo e vindo, e Jesus ouvia com agrado histórias sobre terras distantes e notícias dos países que havia visitado em seu período de estudos.

Segundo inúmeros artistas, Cristo era bem moreno, quase tão escuro quanto um árabe, com longos cabelos que lhe caíam em cachos pelos ombros. Usava, segundo Francine, bigode e barba curta, bem-tratada. Tinha lábios grossos, nariz aquilino, grandes olhos negros com reflexos dourados, sobrancelhas em curva perfeita e bonitos dentes. Media 1,80 m ou um pouco mais (fato incomum na época) e era de constituição esbelta. Maria Madalena tinha cabelos ruivos (fato que também chamava a atenção), olhos castanhos e pele trigueira. Sua estatura ultrapassava 1,70 m, ou seja, era bem mais alta que a maioria das mulheres da época. Sem dúvida, esse porte impressionava e inspirava respeito num mundo onde os homens ficavam muito contentes de alcançar 1,70 m e as mulheres, 1,60 m. Quando examinamos algumas armaduras em museus, elas são tão pequenas que nos perguntamos quem as poderia vestir. Vi também camas de antigas missões da Califórnia: parecem camas de criança.

Em minhas viagens, a única pessoa que descobri ser alta e grande, por causa de sua armadura e roupas, foi o rei Henrique VIII da Inglaterra. Maria, rainha da Escócia, tinha mais de 1,70; mas gente assim constituía a exceção, não a regra. As pessoas, nos tempos antigos, eram bem menores que hoje, devido à alimentação insuficiente ou à dieta pobre — embora Francine afirme que os merovíngios e os descendentes do rei Davi eram altos (caso de José, que pertencia à linhagem de Davi). Maria, mãe de Cristo, também era bem alta para a época — e seu DNA, juntamente com a vontade de Deus, assegurou a figura portentosa do filho.

Jesus tinha bela constituição, embora mais do tipo atlético anguloso que do tipo maciço, com músculos avantajados. Penso que o clima e sua constante movimentação lhe garantiram esse porte esguio. Segundo Francine, ele não era vegetariano, embora tivesse vivido na Índia. Comia carneiro, frutas, legumes, azeitonas, tâmaras e peixe, de que gostava muito. Convém lembrar que Jesus acompanhava seus discípulos nas pescarias. Suas refeições favoritas eram peixe, frutas, carneiro e vinho. Na época, praticamente não existia outra bebida alcoólica senão o vinho, que era abundante e barato. As pessoas bebiam vinho porque água boa era rara; a menos que subissem às montanhas em busca de mananciais puros, passariam sede, pois todo o esgoto acabava indo para os rios e reservatórios. Os judeus eram um povo muito asseado, sem dúvida, mas nada sabiam sobre saneamento básico. Os romanos tinham bons conhecimentos nessa área, mas os sistemas de esgoto, grandes ou pequenos, só existiam nas cidades grandes, não em áreas rurais como a Galiléia. A poluição das águas fomentava não só a lepra como outras doenças devidas a bactérias e parasitas, por exemplo, a disenteria amebiana e a giardíase.

Parece que Jesus nunca ficou doente nem apresentou qualquer tipo de problema físico. Também Maria Madalena tinha saúde privilegiada e jamais contraiu enfermidades. Devemos nos lembrar de que os hebreus, em termos de higiene, estavam bem à frente de outros povos. Por isso sobreviveram às constantes pestes na Europa, levando muita gente a supor que eles tinham um pacto com o diabo. O povo judeu praticava o asseio e não comia carne de porco — no que fazia muito bem, pois nessa época os suínos eram hospedeiros de inúmeras doenças. Sabemos hoje que não se deve consumir carne de porco malpassada porque ela pode provocar, entre outros males, a triquinose.

Enquanto viajava e conhecia pessoas, Jesus, como nós sabemos, curava e ensinava. Minha guia esclarece que apenas algumas passagens dos sermões mais importantes foram registradas, embora ele falasse a grandes grupos e multidões pelo menos quatro dias ou noites por semana. Às vezes esses sermões duravam horas, outras ele ministrava dois num só dia. Em geral não pregava no sábado (Sabá), exceto numa ou noutra sinagoga, e isso se devia provavelmente ao fato de ter educação judaica e achar conveniente obedecer às velhas leis rabínicas.

Três anos podem não parecer muito tempo, mas, com uma agenda dessas, Jesus literalmente atingiu milhares de pessoas. Segundo Francine, certa feita ele proferiu um maravilhoso sermão sobre o casamento, os filhos e a santidade da mulher, que não chegou a ser transcrito. Essa omissão não deve ser imputada à Igreja, pois os escribas que o cercavam, com sua cultura judaica e crenças arcaicas relativamente ao sexo feminino, preferiram não registrar aquelas palavras. Normas e atitudes religiosas antiquadas não desaparecem com facilidade. Temos de levar em conta que os discípulos haviam sido criados dentro da lei judaica, a qual, conforme lemos no Velho Testamento, tratava as mulheres como pouco mais que nada. Ensinava-se que elas nasceram para trabalhar, calar, parir e depender dos maridos. Por isso, a meu ver, o sermão sobre a igualdade dos sexos nunca foi registrado.

Os discípulos de Cristo, em mais de uma ocasião, mostraram-se enciumados de Maria Madalena. No evangelho de Filipe, texto gnóstico que não foi incluído no cânone da Bíblia, lemos: "*Quanto à sabedoria dita 'Estéril', ela é a mãe dos anjos. E a companheira do Salvador é Maria Madalena. Cristo a amava mais que aos outros discípulos e costumava beijar em sua boca. Eles ficavam ofendidos e desaprovavam sua conduta. Perguntavam-lhe: 'Por que a amas mais que a nós?' E o Salvador, respondendo, lhes dizia: 'Por que não vos amo mais que a ela?*" Para sermos justos, falta alguma coisa nesse evangelho exatamente no local da expressão "em sua boca": a tradução dessas palavras é sem dúvida um "chute" erudito ou mera conjectura. Para Francine, a palavra é mesmo "boca" e a expressão certa, "na boca". Ainda que, segundo os estudiosos, as pessoas se beijassem freqüentemente naquela época (Judas trai Jesus com um beijo, etc.), a menção do ciúme exige um pouco mais de exame. Só se tem ciúme de quem é favorecido, como Maria Madalena obviamente era. Jesus confiava nessa mulher, amava-a, queria que fosse ela a tomar as rédeas de sua igreja — e não Pedro, como sustenta a Bíblia.

Jesus achava Pedro um homem bom, mas, sob vários aspectos, meio tolo. Devemos nos lembrar de que ele era um pescador humilde, quase sem instrução. Prontamente nos ocorrem as supostas palavras que Jesus lhe dirigiu: "Tu és pedra e sobre esta pedra edificarei a minha igreja" (Mateus 16:18). Para Francine as coisas não foram bem assim. Jesus estava de bom humor e teria dito apenas, ironicamente: "Ora, como haveria eu de confiar a ti minha filosofia, Pedro? Não tens mais coragem ou carisma que uma pedra". Sempre me perguntei (antes de saber a tradução de Francine) por que Jesus usaria uma pedra para definir Pedro — principalmente sabendo com toda a certeza, às vésperas da crucificação, que o discípulo o negaria três vezes antes de o galo cantar. E foi assim que as coisas se passaram, segundo a Bíblia.

Não sei quanto ao leitor (e não estou julgando Pedro), eu, porém, jamais confiaria meus ensinamentos a uma pessoa tão desleal e mesmo covarde. Sem dúvida ele se arrependeu, ensinou e foi crucificado de cabeça para baixo — isso, porém, aconteceu muitos anos depois. Sem dúvida, nunca sabemos o que faríamos sob o domínio do medo; mas o caso não é esse. Trata-se aqui de escolher alguém forte e leal a quem incumbir de uma responsabilidade.

Isso faz sentido porque, após a crucificação de Cristo, as mulheres ocuparam todos os postos preeminentes no antigo cristianismo gnóstico. Foram elas que desprezaram as chamadas bênçãos e lições espirituais tanto da religião judaica quanto da doutrina dos cristãos judeus. Mas eis que Paulo adentra o cenário e alicia Pedro, enquanto Tiago, irmão de Jesus, permanece fiel ao cristianismo judaico. Mais tarde, conforme já vimos, o imperador romano Constantino adota o "cristianismo paulino" e a Igreja Católica surge com Pedro no papel de seu primeiro papa simbólico.

Lembro-me de quando, no St. Theresa's College, tive uma aula sobre casamento cristão: ensinaram-nos que nosso lugar era secundário e sempre deveríamos nos submeter aos nossos maridos, gerando quantos filhos Deus quisesse. Nem sei o número de vezes, após as aulas, em que fui repreendida pelo padre Nadian; mas, quando ele falava, parecia pensar de outra maneira e só ensinava aquele dogma porque a lei da Igreja assim o exigia. Passei a gostar do bom padre, pois percebia quando aquele dominicano sofria por ter de transmitir algo que contrariava seu coração e sua lógica. Mal posso esperar para encontrá-lo no Outro Lado e abraçá-lo gritando que estávamos certos, podendo agora externar livremente nossos pensamentos.

Segundo Francine, Maria Madalena sempre caminhava na frente ou à direita de Jesus; atrás deles vinham os discípulos. Esse pode ter sido outro motivo para seus ciúmes. Em lugar de um deles, uma mulher ocupava o posto de honra junto ao mestre. Mas isso seria a posição natural em se tratando de uma esposa.

Também não ouvimos falar muito da mãe de Jesus na Bíblia. É como se ela — afora o episódio do nascimento, as bodas de Caná e uma breve alusão de que esteve ao pé da cruz — simplesmente desaparecesse! Mas, como os autores da Bíblia foram homens, ignoraram as mulheres o máximo possível. No Velho Testamento, ficamos conhecendo Débora, Ester, Rute e Betsabá; mas, exceto por algumas outras vilãs menores como Jezebel, a rainha de Sabá, Salomé e a esposa de Ló (que se transformou em estátua de sal por ter olhado para trás durante a destruição de Sodoma e Gomorra), as mulheres são personagens secundárias.

De acordo com Francine, Maria Madalena se dava muito bem com a mãe de Jesus, Maria de Betânia, Marta e Naomi, que costumavam viajar com o mestre, também acompanhado por seus irmãos e irmãs. Era grande, pois, o grupo principal que se punha a caminho. A mãe de Jesus conhecia Maria Madalena desde a infância, tratava-a como filha e apreciava-a muito como nora. Isso se torna evidente durante a crucificação, quando só elas e João (o discípulo amado), sem contar alguns outros (dependendo do evangelho que se leia), permaneceram no Calvário enquanto o resto dos discípulos corria a esconder-se.

CAPÍTULO 6

A Verdadeira História da Paixão de Cristo

Quer estivesse curando os doentes, fazendo andar os aleijados ou devolvendo a visão aos cegos, Jesus nunca deixava de pregar. Só umas poucas vezes entrou em choque com o Sinédrio. Os chefes dos judeus procuravam ignorá-lo, classificando-o de mais um fanático como João Batista; mas, quando sua popularidade aumentou e as sinagogas começaram a esvaziar-se, ficaram alarmados. Isso se deu por dois motivos: estavam perdendo dinheiro e não queriam irritar os romanos. Não somente porque estes tinham seus próprios deuses, mas porque não queriam se identificar com aquele homem (que, afinal de contas, era também judeu) nem ser censurados por suas palavras contrárias à lei judaica.

A bem da justiça, convenhamos que a religião deles florescia há séculos, tendo dado origem a reis notáveis e a crenças religiosas importantes para a época. Ali estavam eles sentados, os juízes e legisladores da fé judaica, diante de um "novo" profeta que ameaçava os próprios fundamentos do culto estabelecido. Também os romanos começaram a agitar-se porque, aonde quer que Jesus fosse, multidões se reuniam e aquilo poderia implicar uma revolta.

O povo judeu, lamentavelmente, arcou com o estigma de ter crucificado Cristo. Mas nós não vivemos naquela época e, se nossas instituições fossem ameaçadas, o que faríamos? Tanto judeus quanto romanos tiveram sua responsabilidade na crucificação de Jesus — que, por sinal, era então o suplício favorito dos romanos na época. Mais tarde, os romanos optaram pela fogueira e, como divertimento, pela arena onde os criminosos eram lançados às feras. No tempo de Cristo, porém, a regra para eles era crucificar, enquanto os judeus preferiam apedrejar até a morte. E, não esqueçamos, Jesus padeceu tudo isso a fim de cumprir as profecias que culminariam em sua suposta morte. Foi graças ao martírio que seus ensinamentos sobreviveram.

Sejamos lógicos: esses ensinamentos ameaçavam doutrinas tradicionais como o hinduísmo, o budismo, o judaísmo e a religião dos todo-poderosos romanos, para não falar em outros cultos menores, embora populares. Ninguém sabia nada sobre aquela nova filosofia monoteística de um Deus brando, amoroso e sempre pronto a perdoar. A maioria das religiões orientais não tem um Deus pessoal, ou tem muitos. A dos judeus cultua um Deus só, mas inatingível, duro, implacável e não raro amedrontador. Então surge no palco da vida um homem decidido a corrigir esses erros, um homem que decerto seria ignorado e esquecido caso o desfecho de sua morte não fosse dramático. Queiramos ou não, o mundo parece gostar de mártires.

Mas aqui percebemos uma flagrante impropriedade nas profecias. O "Salvador" devia vir ao mundo para libertar os judeus. Seria um rei poderoso e, como Moisés, capaz de livrá-los da opressão para levá-los à Terra Prometida. Mas Cristo veio a fim de lhes mostrar como ser livres na alma e viver uma vida em que conseguissem realmente alcançar a "Terra Prometida" do Reino de Deus (o Outro Lado). Jesus não fez nenhuma das duas coisas[...] e fez ambas. Isso parece confuso?

Algumas das profecias messiânicas (que diziam respeito ao Salvador, mais de trezentas, segundo se calcula) são: o Salvador dos Judeus deveria pertencer à linhagem de Davi — Cristo a cumpriu. O Salvador deveria nascer de uma virgem (profecia mal-interpretada e forjada para combater a influência de outras religiões) — Cristo supostamente a cumpriu. O Salvador deveria ser anunciado por um arauto de Deus (João Batista) — Cristo a cumpriu. O Salvador deveria operar milagres — Cristo a cumpriu. O Salvador deveria pregar a Boa Nova — Cristo a cumpriu. O Salvador deveria entrar em Jerusalém como um rei montado num burro — Cristo a cumpriu. O Salvador deveria ter morte humilhante e cruel — Cristo supostamente a cumpriu. As mãos e os pés do Salvador deveriam ser perfurados — Cristo a cumpriu. Os carrascos do Salvador sorteariam suas vestes — Cristo a cumpriu. Nenhum dos ossos do Salvador se quebraria na execução — Cristo a cumpriu. O flanco do Salvador seria lancetado — Cristo a cumpriu. O Salvador seria martirizado em meio a malfeitores e sepultado no túmulo de um homem rico — Cristo supostamente a cumpriu. O Salvador nasceria em Belém — Cristo a cumpriu. O Salvador fugiria para o Egito

— Cristo a cumpriu. E assim por diante. Muitas dessas profecias do Velho Testamento são vagas e podem ou não ser aplicadas a Jesus, dependendo da interpretação. Uma das principais era que ele traria paz ao mundo[...] mas essa Cristo não cumpriu.

O problema das profecias é que quase sempre são feitas por homens, interpretadas por homens e consideradas do ponto de vista da vida humana na Terra. Tendemos a encarar a realidade como aquilo que podemos sentir, ouvir, degustar, cheirar e ver. A premissa de haver algo mais é puramente subjetiva e é aí que está o nó da questão. Deus e o Além são, para a maioria das pessoas, uma crença e não uma realidade, constituindo portanto matéria de fé. Aos olhos das mais esclarecidas espiritualmente, fé é sinônimo de conhecimento e, também, parte da realidade. O problema de quase todas as religiões cifra-se em que se baseiam na fé e não na realidade; assim, embora a pessoa religiosa possa *acreditar* que algo é verdadeiro, ela *não sabe* se de fato o é. Sua postura resume-se em comparar Deus e o Além àquilo que percebem como real e, infelizmente, Deus e a premissa do Além perdem na comparação. Isso se dá porque poucos conseguem ouvir, tocar ou ver as coisas divinas e transcendentes. Uma vez que não as captamos com os sentidos, elas deixam de ser reais para nós e se transformam em matéria de fé — ou seja, num pobre substituto do que percebemos como concreto.

Se Deus, tomando um alto-falante potente o bastante para alcançar o mundo inteiro, declarasse: "Quero me apresentar a vocês: sou Deus", então a maioria de nós passaria a considerá-lo parte da realidade. E se os céus se abrissem para que todos os habitantes da Terra contemplassem o Outro Lado em sua glória, numa visão prolongada, também isso provavelmente se tornaria parte da realidade. Mas poderia ocorrer que alguns atribuíssem o fato de ouvir Deus ou contemplar o Outro Lado à imaginação e à ilusão. Em suma, os homens só acham real a vida que vivem aqui na Terra e consideram as crenças em Deus (ou deuses) e no Além tão variadas quanto as culturas que se multiplicam pelo mundo.

A profecia não passa de uma extensão da crença e da fé. Certamente, ignoramos se um fato profetizado ocorrerá ou não; muitas profecias ainda aguardam cumprimento e outras nunca se realizaram. No caso de Jesus, algumas pessoas acham que ele cumpriu as profecias messiânicas, outras garantem que não. Mas isso realmente importa? A profecia será uma ciência exata a ponto de milhões de judeus aguardarem ainda seu salvador, e bilhões de cristãos, judeus e muçulmanos esperarem o Dia do Juízo?

Ao que parece, se uma profecia foi feita por Davi, Isaías ou Jeremias, tem de ser verdadeira — embora muitas das que eles fizeram nunca se cumprissem. O motivo pelo qual inseri esta seção sobre profecia e realidade é que ela mostra quão fortemente a Bíblia está associada a pessoas sempre prontas a devassar o futuro. Quando, porém, a Bíblia foi organizada, a era cristã baniu todas as tentativas de antever coisas ainda por vir. É aceitável profetizar no Velho Testamento, mas não depois da fundação da Igreja, pois isso não condiz com o que ela pensa da realidade. Também se aceita que um santo profetize, mas em linguagem velada; e se você não for santo, o melhor é calar-se. Sempre me perguntei por qual motivo a Igreja, em dada altura, decidiu que profetas já não nasciam mais e que profecias são pura bobagem, sobretudo quando fazem parte dos dogmas de outras religiões importantes.

A verdadeira história da Paixão de Cristo é um dos segredos mais controvertidos que a Igreja tentou esconder por quase dois mil anos. Entretanto, a verdade não pode ser escamoteada para sempre e mais cedo ou mais tarde acaba se revelando ao mundo.

O Sinédrio e os fariseus decidiram pressionar o governo romano a prender Jesus e julgá-lo. Os incidentes ocorridos no Domingo de Ramos, como lhe chama hoje a Igreja, deram a fariseus e Sinédrio uma boa oportunidade. Jesus entrou em Jerusalém com a maior pompa justamente no Sabá, uma semana antes da Páscoa. Isso cheirava a blasfêmia para os chefes judeus. Ele incorreu novamente em sua ira ao visitar o Templo e expulsar os vendilhões a golpes de chicote, enquanto lhes recriminava a hipocrisia. O Sinédrio se reuniu em sessão extraordinária e resolveu solicitar a Pôncio Pilatos a detenção de Jesus, que deveria ser julgado como blasfemo e sedicioso. Isso demandou alguns dias, pois mesmo no Sinédrio havia quem achasse as acusações injustificadas.

Nesse ínterim, Jesus pediu a Judas Iscariotes que, se possível, lhe conseguisse uma audiência com Pilatos, pois sabia o que estava para acontecer. Pilatos concordou, um pouco por curiosidade, mas também porque sua querida esposa sonhara com Jesus e não desejava que ele fosse prejudicado. Pilatos decidiu acatar-lhe esse desejo. À audiência com o governador compareceram apenas Jesus, Judas Iscariotes e José de Arimatéia. O encontro se deu vários dias antes do falso episódio da traição de Judas. Pense bem o leitor: para que Judas o iria trair com um beijo em troca de trinta moedas de prata se os romanos já conheciam Jesus e sabiam onde ele estava? Jesus, é claro, não procurava se esconder quando pregou às claras ao povo de Jerusalém.

O encontro pôs em marcha uma das tramas mais complexas da história da humanidade. Pilatos, vendo Jesus pela primeira vez, ficou profundamente intrigado com esse homem que atraía multidões ansiosas por ouvi-lo. Após questioná-lo sobre suas intenções relativamente a Roma, notou que Jesus não era nenhum revolucionário e simpatizou com ele, como sempre se dava com quem o conhecia. O romano não viu culpa alguma em Jesus, ao contrário, achou-o gentil e envolvente. Mas Pilatos era o governador de Israel e, por intermédio de seus espiões, conhecia decerto o clima político no Sinédrio e entre os fariseus, bem como na Galiléia e Judéia. Eis o problema: como manter a ordem, evitando possíveis motins e insurreições?

Pôncio Pilatos era inteligente, decidido e astuto. Se não o fosse, não conseguiria governar Israel por tanto tempo sem perder o prestígio. Sabia que Roma desejava a paz acima de tudo, do contrário o comércio ficaria prejudicado e ela teria de empenhar todos os seus recursos no combate a rebeliões. Não ignorava também que os ânimos, em Israel, eram potencialmente explosivos. Chegara-lhe ao conhecimento que o Sinédrio e os fariseus queriam por todos os modos condenar Jesus, mas também que este tinha muitos seguidores. Temia, pois, que estourasse uma revolução num ou noutro partido se Jesus fosse condenado ou libertado. Pilatos via-se diante de um terrível dilema: o que fazer com o homem chamado Jesus?

Segundo Francine, ele elaborou um plano engenhoso. Não encontrando culpa alguma em Jesus, propôs uma medida audaciosa, que exigia completo sigilo, mas dependeria sobretudo da cooperação do acusado.

Ainda segundo Francine, Pilatos explicou a Cristo que não o considerava perigoso, mas tinha de manter-se em paz com as autoridades religiosas (Sinédrio e fariseus) de Israel. Informou a Jesus que eles o queriam preso e condenado, mas que tudo faria para obter um veredicto de inocência. Caso o julgassem culpado, tentaria preservar-lhe a vida, ainda que precisasse decretar a pena de açoite e crucificação, nos termos da lei. Entretanto, não garantia que pudesse consegui-lo. Jesus compreendeu o que Pilatos queria dizer e soube desde logo que seu destino estava selado. Ainda assim, conservou uma ligeira esperança de que o plano desse certo, embora envolvesse muitas dores e sofrimento. Os quatro, em seguida, discutiram os detalhes do plano e o papel que caberia a cada um. Tudo dependeria da confiança mútua e do correto desempenho dos participantes. Cristo alimentava, pois, alguma esperança de escapar ao cumprimento da missão que lhe incumbia: com sofrimento e dores, mas vivo. Jesus se mostraria forte não apenas por suportar o que lhe estava reservado, mas também por acreditar que Deus talvez se mostrasse misericordioso e lhe permitisse viver, uma vez que, conforme dissera Pilatos, não havia nenhuma garantia disso.

Isso parece colocar Pilatos sob uma luz favorável, mas Francine explica que ele estava apenas sendo prudente e prático. Sabia que nada tinha a perder com aquele lance em que a paz estava em jogo. Se Jesus fosse considerado inocente, ótimo. Se fosse considerado culpado e perecesse na cruz, o Sinédrio e os fariseus se dariam por satisfeitos; e, se salvasse a vida de Jesus, os seguidores deste se acalmariam. Ninguém ousaria responsabilizar Pilatos por querer salvar a vida de Cristo mesmo que a trama fosse descoberta, porque então os adeptos do mestre é que seriam censurados. Segundo Francine, nesse ponto Deus interveio mandando o sonho à mulher de Pilatos e levando este a conceber o plano, que de fato implementou.

Jesus sabia bem o que lhe iria acontecer, mas a trama arquitetada por Pilatos o surpreendeu. Francine nos lembra que, a despeito da divindade de Jesus e do conhecimento que ele tinha de seu destino, só Deus está a par de tudo e pode prever o desfecho dos acontecimentos. Vemos até hoje a intervenção divina em situações incompreensíveis para nós, que acabam se transformando naquilo que chamamos milagres.

Com essa leve esperança de salvar-se, Jesus, ciente de que todos os envolvidos deviam manter o plano em sigilo, instruiu Judas e José de Arimatéia a não dizer nada a ninguém, especialmente seus discípulos. Mas contou tudo a Maria Madalena porque ela era sua esposa e confidente mais íntima. Francine afirma que a angústia dessa mulher foi grande. Sabia que, se Jesus comparecesse perante o Sinédrio, não haveria esperanças, muito embora só os romanos tivessem o poder de proferir a sentença de execução. De certa forma é como uma cirurgia que sabemos ser inevitável e à qual contamos sobreviver; mas a agonia de nos submetermos a ela e de enfrentar o que virá depois são aterrorizantes, pois na verdade tudo pode acontecer. Jesus não confiava nos discípulos, temendo que algum deles, por estupidez ou medo, fosse revelar o plano à pessoa errada.

Jesus organizou a chamada Santa Ceia por saber que aquele seria seu último encontro com os discípulos, acontecesse o que acontecesse. Se conseguisse sobreviver, teria de deixar para trás Israel e seus discípulos, do contrário poderia ser recapturado e morto. Vale notar que, segundo vários estudiosos, a última ceia ocorreu no refúgio dos essênios instalado no monte Sião, que garantia privacidade porque aquele era um grupo secular.

Segundo Francine, embora ainda alimentasse alguma esperança de salvar-se, Jesus estava mentalmente preparado para morrer. Percebia que suas chances eram mínimas e consolava-se com o fato de estar passando tudo aquilo em nome de Deus. Assim, na última ceia, ao pedir aos discípulos que não se esquecessem de suas palavras, dando-lhes pão e vinho a fim de que o guardassem sempre na memória, sabia realmente que aquele era seu derradeiro encontro. Não tenho dúvida de que alguns dos discípulos ficaram perplexos, embora Jesus já os houvesse inteirado dos fatos prestes a acontecer. Foi então que, conforme o planejado, declarou: "Um de vós me trairá". Isso, é claro, estava contido na profecia e Judas concordara em encarregar-se dessa parte a fim de levar adiante o plano. Mesmo que os romanos soubessem a quem estavam procurando, a trama seria mais verossímil se algum dos discípulos apontasse Jesus.

Jesus se dirigiu então ao jardim de Getsêmani para orar e pedir ao Pai que, se possível, afastasse dele o cálice (do sofrimento). Referia-se à sua provável execução, agora iminente. Isso prova que não podemos fugir ao nosso destino. Sabemos que Deus não atendeu ao pedido porque nosso Senhor, de novo invocando aquilo que lhe estava reservado, suspirou: "*Seja feita a tua vontade*". Finalmente os soldados chegaram e, encontrando os discípulos adormecidos, deram voz de prisão a Jesus; após uma breve escaramuça em que um discípulo cortou a orelha de um servo do sumo sacerdote (que Jesus curou imediatamente), os soldados o amarraram e levaram.

Jesus foi conduzido à presença do sumo sacerdote do Sinédrio por soldados do Templo (não foram os romanos que o prenderam e sim os soldados judeus, mandados pelo Sinédrio, a quem cabia vigiar o Templo Judaico). Os sacerdotes do Sinédrio interrogaram-no a noite inteira e, supostamente, introduziram inúmeras testemunhas falsas que o denunciaram. Ali, Jesus também foi espancado, segundo Francine por causa da frustração e da cólera dos acusadores, que só tinham autorização para bater-lhe.

Aqui, de novo, estamos às voltas com uma inconsistência, pois os quatro evangelhos divergem quanto a uma pergunta feita a Jesus. Em Mateus (26:63-4), Marcos (14:61-2) e Lucas (22:66-70), o sumo sacerdote indaga se ele é de fato o Filho de Deus. Mateus põe as seguintes palavras em sua boca: "*Tu o disseste; eu, entretanto, vos declaro que, desde agora, vereis o Filho do Homem assentado à direita do Todo-Poderoso e vindo sobre as nuvens do céu*". Agora, Lucas: "*Se vo-lo disser, não o acreditareis. Também, se vos perguntar, de nenhum modo me respondereis. Desde agora, estará sentado o Filho do Homem à direita do Todo-Poderoso. Então, disseram todos: Logo, tu és o*

Filho de Deus? E ele lhes respondeu: Vós dizeis que eu sou". Marcos, porém, faz Cristo responder: "*Eu sou, e vereis o Filho do Homem assentado à direita do Todo-Poderoso e vindo com as nuvens do céu*". João não menciona essa pergunta em seu evangelho, informando apenas que os acusadores o interrogaram longamente sobre seus discípulos e ensinamentos. A omissão de João quanto a uma pergunta tão importante leva-nos a questionar se ela foi mesmo feita ou não, especialmente porque diz respeito à divindade de Jesus e à profecia judaica.

Há também inconsistência na resposta dada. Marcos mostra Jesus declarando que é o Cristo, o Filho de Deus, e na frase seguinte dizendo-se o Filho do Homem. Para Mateus e Lucas, Cristo replica aos acusadores que eles, sim, o chamaram de Filho de Deus e, logo depois, também se diz o Filho do Homem. Eis uma incoerência de peso, pois os teólogos sempre debateram ardorosamente a questão: Jesus era Filho de Deus ou Filho do Homem? Se Filho de Deus (todos o somos, porém) e o Cristo, então tinha mesmo natureza divina e era o Salvador há tanto esperado pelos judeus; se Filho do Homem, sua divindade podia ser posta em dúvida e ele não era necessariamente o Cristo. Esse problema foi muito debatido na Igreja primitiva, e os cristãos judeus sempre sustentaram que Jesus era um grande profeta e mestre, mas não de natureza divina, já que era Filho do Homem. Os cristãos paulinos reconheciam-no como o Salvador e o Filho de Deus, portanto divino. Já os cristãos gnósticos não parecem ter-se posto de acordo quanto a essa questão.

Francine diz que Jesus sabia ser uma entidade única em missão especial de Deus e um predestinado às tribulações. Não ignorava que a humanidade inteira fosse, tecnicamente, filhos e filhas de Deus, mas estava ciente de que o Pai o destinara a ser o Cristo anunciado pelas profecias judaicas. Tinha certeza de que o Sinédrio jamais aceitaria semelhante verdade, por isso lhe deu uma resposta ambígua (exceto na versão de Marcos).

Em definitivo, Jesus se declarou o Filho do Homem, mas também disse que era o Cristo. Sempre me perguntei se essa não era simples questão de semântica, pois os judeus achavam que o Cristo seria o Filho de Deus, ao passo que Jesus se julgava um enviado especial de Deus, o mesmo que os judeus aguardavam como seu Salvador. Para Francine, ele era de fato o Cristo do povo judeu e seus ensinamentos encerravam tanta verdade que acabaram se espalhando pelo mundo sob a forma de cristianismo. Por um lado, podemos dizer que Jesus obteve um sucesso apenas parcial, pois os judeus não o aceitaram como Cristo e Salvador. Por outro, que seu sucesso foi completo, porquanto vários judeus se converteram ao cristianismo e suas mensagens se espalharam pelo mundo.

Em seguida, o Sinédrio enviou Jesus a Pôncio Pilatos, solicitando que fosse crucificado por blasfêmia. O Sinédrio sabia que só Pilatos tinha autoridade para condenar qualquer criminoso, pois os romanos dominavam Israel. Pilatos tudo fez para salvar Jesus e acreditou pôr um fim ao assunto declarando que não via culpa alguma naquele homem. Chegou a mandá-lo para ser julgado por Herodes, na esperança de que fosse absolvido (Lucas 23:7-12) e as coisas parassem por aí. Mas Herodes o enviou de volta a Pilatos após zombar de Jesus, pois não desejava assumir a responsabilidade.

Pilatos recorreu então à tradição de libertar um prisioneiro na Páscoa, pedindo à multidão que escolhesse entre Cristo e Barrabás. Tentava fazer o possível para cumprir a promessa feita a Jesus. Nada funcionou: a multidão, controlada pelo Sinédrio, pediu aos gritos o suplício do inocente. Pilatos, vendo a multidão cada vez mais irrequieta, resolveu passar às outras etapas do plano para ver se ainda podia salvar Jesus. Reconhecia que já não lhe era possível libertar o acusado e livrá-lo do martírio; mas talvez conseguisse ainda lhe preservar a vida. Como gesto final de frustração e autoproteção, mandou que lhe trouxessem um vaso de água e lavou as mãos perante o povo, dizendo: *"Estou inocente do sangue deste justo; fique o caso convosco"* (Mateus 27:24).

Mateus é o único evangelista a nos mostrar Pilatos lavando as mãos e isentando-se da responsabilidade; Lucas, o único que nada diz sobre a flagelação de Cristo. Os evangelhos de Mateus, Marcos e João relatam que Pilatos mandou açoitar Cristo antes de devolvê-lo ao Sinédrio para a crucificação. Lucas informa apenas que Pilatos o entregou ao povo, para ser crucificado. Trata-se acaso de uma omissão por parte de Lucas? Segundo Francine, Pilatos mandou açoitar Jesus para salvar as aparências e também por acreditar que aquela violência satisfaria de vez a multidão, permitindo-lhe assim libertar Cristo. Ordenou, porém, que não o machucassem muito, pois Jesus já sofrera bastante nas mãos do Sinédrio durante o interrogatório e Pilatos o queria forte o bastante para não sucumbir à crucificação. Pilatos deixou bem claro aos soldados que aquele homem não devia morrer.

A massa, insuflada pelo Sinédrio, apossou-se de Cristo e obrigou-o a carregar sua própria cruz, mas houve quem, a espaços, o ajudasse quando ele caía — por exemplo, José de Arimatéia. Não vá o leitor imaginar que, por isso, o sofrimento de Jesus foi menos intenso. Quando o chicoteavam, lançavam-lhe salmoura nas feridas, o que, embora doloroso, ajudava a estancar a hemorragia.

Jesus estava fraco porque não se alimentara e só bebera alguns goles de água. Sem sua boa forma física, teria morrido por causa das pancadas e da fome. No dizer de Francine, seu treinamento na Índia ajudou-o muito nessa situação. Podia colocar-se em estado alterado de consciência, semelhante à auto-hipnose ou ao transe meditativo, o que o sustentou durante a provação.

Chegados ao Gólgota ("monte da caveira"), os guardas romanos pregaram-lhe os pulsos e os pés à cruz; tiveram, porém, o máximo cuidado em evitar as artérias principais, para que Jesus não sangrasse até a morte. Pilatos, como dissemos, dera ordens expressas no sentido de que não o matassem, e, ao contrário dos dois ladrões crucificados com ele (novamente a fim de que se cumprissem as profecias), passaram cordas sob suas axilas para lhe dar mais apoio. Forneceram-lhe também um suporte de pés, que aos outros foi negado, e não lhe quebraram as pernas. Segundo os evangelhos de Mateus, Marcos e Lucas, Cristo permaneceu na cruz por cerca de três horas, pois fazia parte do plano de Pilatos não o manter lá por muito tempo.

Mas, antes de prosseguir, vamos rever alguns fatos relativos à crucificação. Para a maioria dos estudiosos, a crucificação é uma morte agonizante e lenta. A morte na cruz, na maioria dos casos, sobrevém por asfixia devido à forte pressão sobre o diafragma. Casos houve em que a pessoa levou vários dias para morrer, sufocada por não conseguir erguer-se e tomar ar, ou devido aos ferimentos e à sede, pela longa exposição ao sol e ao vento. Os romanos, na época, já haviam aperfeiçoado essa forma de execução. Se queriam que a vítima morresse logo, quebravam-lhe as pernas, pois assim não podia erguer-se para respirar. Os supliciados, nesse caso, resistiam apenas de seis a doze horas; os outros, com as pernas intactas, vários dias. Eram quase sempre amarrados à cruz depois da flagelação. Só a uns poucos pregavam pelos pulsos e pés.

Uma das circunstâncias fortuitas da crucificação de Jesus é que seu suplício aconteceu antes do Sabá, no chamado Dia da Preparação. Pilatos retardara ao máximo sua entrega aos carrascos, de modo que ele foi crucificado no meio da tarde. Como o Sabá era um dia santo, a lei judaica proibia que cadáveres permanecessem na cruz durante esse feriado, que começava na noite do Dia da Preparação. Portanto, os corpos de Cristo e dos dois ladrões deveriam ser retirados à tardinha. Isso se ajustava perfeitamente ao plano de Pilatos, conforme se verá.

Segundo alguns evangelhos, os soldados romanos puseram na cabeça de Cristo uma coroa de espinhos, antes da crucificação. Francine conta que quem a teceu e colocou foi um centurião, mais tarde punido por Pilatos. No alto da cruz, pregaram uma tabuleta com os dizeres: JESUS, REI DOS JUDEUS. Pode-se pensar que isso, mesmo sendo zombaria, deve ter irritado os judeus, mas o Sinédrio e os fariseus se aproveitaram do fato para escarnecer dele ainda mais, gritando que, se era mesmo o Cristo, descesse da cruz, pois nesse caso lhe dariam crédito. Foi então que alguns sacerdotes do Sinédrio começaram a se preocupar com a hora. Eles sabiam que os corpos de Jesus e dos dois ladrões tinham de ser tirados antes do início do Sabá, para que a lei judaica não fosse infringida. Dirigiram-se a Pilatos e pediram que as pernas dos condenados fossem quebradas, a fim de lhes apressar a morte (João 19:31-3). Pilatos concordou, mas ordenou aos soldados que poupassem Jesus porque ele já estava morto. Logo o leitor saberá por que ele deu essas ordens tão estranhas.

Enquanto a turba zombava de Cristo na cruz e vários sacerdotes pediam a Pilatos que se quebrassem as pernas do supliciado, os guardas romanos jogavam aos dados as vestes de Jesus. Isso confirma o que eu disse antes sobre Cristo ser um homem rico; ele possuía um manto do mais fino tecido, sem costuras. Um manto assim não era para pobres, mas para pessoas acostumadas a usar roupas caras. Ninguém se destaca com roupas surradas e remendadas. Assim se cumpria também outra profecia relativa ao Cristo: este seria executado entre malfeitores (ladrões); suas vestes seriam sorteadas; nenhum de seus ossos seria quebrado durante o suplício; e seu flanco seria lancetado.

Pôncio Pilatos dispunha de espiões, militares ou civis que, às ocultas, correram a informá-lo sobre a situação de Cristo. Aproximando-se já a terceira hora da crucificação, um deles comunicou-lhe que Jesus parecia prestes a sucumbir. Pilatos ordenou então a um de seus médicos que preparasse uma beberagem de propriedades soníferas, mas capaz de induzir um coma leve, e mandou ministrá-la ao moribundo. Quando Cristo, sedento, pediu água, uma esponja foi embebida no elixir e aplicada a seus lábios. Em pouco tempo ele mergulhou num coma superficial e, para todos os efeitos, parecia morto. Tudo isso fora planejado, de sorte que Cristo aceitou de bom grado a beberagem, esperando que fizesse efeito. O centurião de serviço recebera ordens de Pilatos para declarar o óbito de Cristo logo que ele desfalecesse e ferir de leve seu flanco, a fim de mostrar que de fato morrera. Uma vez que entrara em coma, Jesus não reagiu ao golpe de lança e foi, portanto, declarado oficialmente morto. Então José de Arimatéia, sempre de acordo com o plano, apossou-se do corpo de Cristo logo que ele foi tirado da cruz e, auxiliado por Maria Madalena e Nicodemos, envolveu-o em lençóis de linho e depositou-o em seu próprio túmulo, longe da vista dos curiosos. Os judeus queriam enterrá-lo, mas, conforme combinado com Pilatos, Jesus permaneceria escondido no túmulo de José de Arimatéia até recobrar a consciência. O local era conveniente, uma caverna escavada na rocha com uma espécie de leito de pedra e um bloco de granito que lhe servia de porta. Se fosse enterrado, Jesus morreria por falta de ar.

Chamemo-lo intervenção divina ou condições atmosféricas, o certo é que o céu se toldou e torrentes de chuva despencaram logo após Cristo ser colocado na cruz. A meu ver, Deus interveio realmente, pois isso, afugentando os curiosos, impediu-os de perceber que Jesus estava apenas em coma superficial e ainda respirava. Quando o levaram para o túmulo, o Sol não se pusera ainda: era contrário à lei judaica sepultar alguém de noite. Pilatos convocou seus melhores médicos e eles, juntamente com Maria Madalena, iniciaram as manobras para reanimar Jesus, cuidando e suturando-lhe as feridas. Jesus descansou por algum tempo, depois comeu e bebeu um pouco. Pilatos avisou então que o Sinédrio iria mandar guardas para vigiar o túmulo, sendo portanto conveniente remover Jesus para outro esconderijo. Eles assim fizeram, deixando o sepulcro fechado e abandonando as vestes com que o corpo fora envolvido após a descida da cruz.

Os quatro evangelhos nos relatam o que Jesus clamou em meio às dores e agonias da crucificação. Só Mateus (27:46) e Marcos (15:34) o fazem dizer: "*Deus meu, Deus meu, por que me abandonaste?*" Segundo esses dois textos, foram as únicas palavras que ele proferiu na cruz, se excetuarmos o grande grito emitido na hora de sua suposta morte. Embora os evangelhos de Lucas e João omitam a frase acima, eles relatam que Cristo conversou com outras pessoas. Em Lucas, ouvimo-lo conversar com o Pai do céu duas vezes. Na primeira vez, Lucas 23:34, Jesus dizia: "*Pai, perdoa-lhes, porque não sabem o que fazem*"; da segunda, Lucas 23:46, Jesus dizia: "*Pai, nas tuas mãos entrego o meu espírito*". Lucas 23:43 também mostra Jesus voltando-se para o ladrão que lhe pedira para não ser esquecido e dizendo: "*Em verdade te digo, hoje estarás comigo no paraíso*".

Também o evangelho de João faz Cristo proferir muitas palavras na cruz. Em João 19:28, ele murmura em agonia: "*Tenho sede*" e alguém lhe apresenta uma esponja embebida em vinagre, para cumprimento de outra profecia. Lemos ainda em João 19:30 que Jesus disse: "*Está consumado*" antes de perder a consciência e supostamente morrer. O evangelho de João também relata uma conversa interessante entre Jesus, sua mãe Maria e um discípulo não-identificado, enquanto ele estava na cruz. Em João 19:25-7, lemos: "*E junto à cruz estavam a mãe de Jesus, e a irmã dela, e Maria, mulher de Cléopas, e Maria Madalena. Vendo Jesus sua mãe e junto a ela, o discípulo amado, disse: Mulher, eis aí teu filho. Depois, disse ao discípulo: Eis aí tua mãe. Dessa hora em diante, o discípulo a tomou para casa*". A maioria dos estudiosos da Bíblia acha que esse discípulo era João, o Bem-amado; eu, porém, acredito que se tratava de Maria Madalena. Para mim, só isso faz sentido.

Em primeiro lugar, a Bíblia relata nos quatro evangelhos que os discípulos fugiram e se esconderam. Em segundo, João enfatiza que só três pessoas permaneceram junto à cruz; se houve uma quarta (o tal discípulo amado), por que ele não o nomeou juntamente com Maria, Maria de Cléopas e Maria Madalena? Em terceiro, os gnósticos sempre acreditaram que Maria Madalena foi seu primeiro e mais querido "discípulo" ("[...] *o discípulo a quem ele amava estava presente* [...]"). Segundo João, Jesus se dirige à mãe e depois a Maria Madalena (o "discípulo" amado), dizendo-lhe: "*Eis aí tua mãe*". Maria Madalena, esposa de Jesus, era nora de Maria, que como vimos a considerava filha desde os tenros anos. É perfeitamente lógico que Jesus dissesse a Maria Madalena para considerar Maria sua mãe e que aquela cuidasse desta após a suposta morte de Cristo. Essa seria, sem dúvida, a interpretação correta, mas os estudiosos bíblicos teriam então de admitir que Maria Madalena era mais íntima de Cristo do que supunham e mesmo casada com ele. Eu pensaria do mesmo modo se aceitasse a Bíblia como fonte incontestável; felizmente, graças a Deus, tenho uma guia espiritual no Outro Lado para me esclarecer.

Segundo Francine, quando Cristo disse na cruz "*Eis aí teu filho*", dirigia-se à sua Mãe celeste, isto é, à Deusa Mãe. Na verdade, teria dito: "*Mãe que estás no céu, eis aí teu filho*", frase que os antigos organizadores da Bíblia transformaram em: "*Mulher, eis aí teu filho*" para fazer referência a Maria e não à Deusa Mãe. Jesus acreditava nas duas partes de Deus, a masculina e a feminina, Deus Pai e Deusa Mãe. No dizer de Francine, ele acreditava nisso mesmo antes de viajar para a Índia, país onde as duas entidades são reverenciadas (como ocorre também em diversas religiões ao redor do mundo), pois tanto a Deusa Mãe quanto o Deus Pai lhe falavam em criança. Por isso Jesus insistia em viajar na companhia de mulheres e fez de Maria Madalena seu primeiro "discípulo". Ao contrário dos romanos e dos membros do Sinédrio, sempre procurou elevar as mulheres a uma condição semelhante à dos homens. Os romanos, como os gregos, tinham deusas, de modo que essa atitude não lhes parecia blasfêmia. Lembre-se o leitor de que a Igreja primitiva removeu diversos livros da Bíblia e manipulou os demais arbitrariamente a fim de omitir quaisquer referências à Deusa Mãe ou lado feminino de Deus — pois não é possível uma religião patriarcal com igualdade de sexos.

Seria de pensar que os quatro evangelhos são muito convincentes quanto ao comportamento de Cristo na cruz; afinal, trata-se de um episódio de suma importância, o de sua (suposta) morte. Foi para ele o momento "extremo", no qual proferiu suas derradeiras palavras neste mundo. Mas aí temos os quatro evangelhos registrando coisas diferentes, à exceção de Mateus e Marcos. Por quê? Há outras inconsistências no relato da crucificação de Cristo. Só em João lemos que Maria, mãe de Cristo, estava presente. Lucas é muito vago quanto à identidade das pessoas que permaneceram ao pé da cruz, mas menciona Maria Madalena, Joana e Maria, mãe de Tiago Menor (Maria de Cléopas). Marcos cita Maria Madalena, Maria, mãe de Tiago Menor (Maria de Cléopas) e Salomé (não a que dançou para Herodes). No dizer de Mateus, estavam ali Maria Madalena, Maria de Cléopas e a mãe dos filhos de Zebedeu. As únicas testemunhas que aparecem nos quatro evangelhos são Maria Madalena e Maria de Cléopas (tida às vezes como cunhada ou prima da virgem Maria). Francine diz que Maria Madalena, Maria, mãe de Cristo, e Maria de Cléopas não arredaram pé de junto à cruz, enquanto outras mulheres, como Joana e Salomé, lá estiveram por algum tempo.

Enquanto as três Marias tentavam consolar-se e reconfortar Jesus, ninguém sabia do paradeiro dos discípulos. Eles procuraram compensar isso depois, mas na verdade se esconderam enquanto o mestre era crucificado. Até Pedro cumpriu a profecia segundo a qual negaria Jesus três vezes antes do galo cantar. Refugiaram-se no segundo andar de uma casa em Jerusalém, onde costumavam reunir-se, torcendo para que ninguém fosse em seu encalço.

Os teólogos ficam intrigados com o fato de uma criatura tão divina e espiritual quanto Cristo ter bradado em seu desamparo e agonia: "Deus meu, Deus meu, por que me abandonaste?" Mas esse lamento é compreensível porque a divindade de Cristo estava encarnada num corpo humano entregue ao sofrimento. Segundo Francine, um dos motivos de Jesus ter dito aquelas palavras foi que sempre falava com Deus e, de repente, bem no momento da crucificação, Deus se calou. O episódio me lembra Joana d'Arc, que também deixou de ouvir suas vozes justamente no momento da crise e da execução. Isso, evidentemente, foi uma simples fraqueza de Cristo em conseqüência das dores e do desalento, quando realmente julgava estar na iminência de morrer. Deus sabia, é claro, que isso não aconteceria na ocasião e não achou necessário intervir, pois o destino de Cristo seguia seu devido curso, como estava escrito.

CAPÍTULO 7

A Ressurreição — Um Plano para a Sobrevivência de Cristo

Segundo Francine, uma das primeiras coisas que Jesus experimentou após recobrar a consciência, afora um grande beijo e um grito de júbilo de Maria Madalena, foi uma sensação intensa de felicidade e alívio por estar vivo. Alívio por ter cumprido sua missão, felicidade por sobreviver a uma prova à qual todos julgavam que sucumbiria. Francine diz também que Deus lhe falou logo após seu despertar e garantiu estar plenamente satisfeito com o comportamento do filho.

Conforme vimos, após o tratamento e a sutura das feridas pelos médicos de Pilatos, que em seguida partiram, Jesus, ainda segundo Francine, comeu, bebeu e descansou, tendo ao lado apenas Maria Madalena e José de Arimatéia. Logo na manhã do Sabá, souberam da parte de Pilatos que o Sinédrio mandaria soldados para guardar o túmulo, devendo eles procurar imediatamente um novo esconderijo. Madalena ajudou um Jesus ainda enfraquecido a disfarçar-se, enquanto José de Arimatéia saía em busca de uma liteira e carregadores. Logo depois deixavam a sepultura e rolavam o grande bloco de pedra na entrada, fechando-a. Jesus foi conduzido a um lugar onde pudesse se recuperar em segurança.

Quase ninguém se dá conta de que a ressurreição do Messias fora, supostamente, prevista nas profecias judaicas do Velho Testamento. Por exemplo, em Salmos 16:8-11 e 22:18-21, e Isaías 53:8-11. Essas passagens são da Bíblia de Jerusalém e da Bíblia e Hinário Novo Cântico, traduzida para o português por João Ferreira de Almeida:

> Salmos 16:8-11 — *O Senhor, tenho-o sempre à minha presença; estando ele à minha direita, não serei abalado.*
>
> *Alegra-se, pois, o meu coração, e o meu espírito exulta; até o meu corpo repousará seguro.*
>
> *Pois não deixarás a minha alma na morte, nem permitirás que o teu Santo veja a corrupção.*
>
> *Tu me farás ver os caminhos da vida; na tua presença há plenitude de alegria, na tua destra, delícias perpetuamente.*

> Salmos 22:18-21 — *Repartem entre si as minhas vestes e sobre a minha túnica deitam sortes.*
>
> *Tu, porém, Senhor, não te afastes de mim; força minha, apressa-te em socorrer-me.*
>
> *Livra a minha alma da espada, e, das presas do cão, a minha vida.*
>
> *Salva-me das fauces do leão e dos chifres dos búfalos; sim, tu me respondes.*

Isaías 53:8-11 — *Por juízo opressor foi arrebatado; e de sua linhagem, quem dela cogitou? Porquanto foi cortado da terra dos viventes; por causa da transgressão do meu povo foi ele ferido.*

Designaram-lhe a sepultura com os perversos, mas com o rico esteve na sua morte, posto que nunca fez injustiça, nem dolo algum se achou em sua boca.

Todavia, ao Senhor agradou moê-lo, fazendo-o enfermar; quando der ele a sua alma como oferta pelo pecado, verá a sua posteridade e prolongará os seus dias; e a vontade do Senhor prosperará nas suas mãos.

Ele verá o fruto do penoso trabalho de sua alma e ficará satisfeito; o meu Senhor, o justo, com o seu conhecimento, justificará a muitos, porque as iniqüidades deles levará sobre si.

Se você tem em mãos uma Bíblia, talvez queira conferir essas profecias, mas saiba que os termos podem ser um pouco diferentes conforme a versão. Espero que se sinta como eu após essa experiência: confuso, pois a obscuridade é gritante. Como alguém possa afirmar que os versículos acima profetizam a ressurreição, ignoro-o. Sempre postulei um além onde não há nem mal nem negatividade, a que chamo o Outro Lado. Portanto, todos nós ressuscitaremos após a morte (exceto as entidades das Trevas).

Os quatro evangelhos mencionam a ressurreição e, de novo, encontramos inconsistências nas várias versões. Mateus 28:2 afirma que um anjo removeu a pedra da entrada do túmulo, ao passo que Marcos (16:4), Lucas (24:2) e João (20:1) nos mostram Maria Madalena dirigindo-se para o local e vendo-o já aberto. E há mais: para João, apenas Maria Madalena esteve no túmulo; Lucas diz que lá compareceram Maria Madalena, Joana, Maria, mãe de Tiago, e outras mulheres; Marcos cita Maria Madalena, Maria, mãe de Tiago, e Salomé; e Mateus fala em Maria Madalena e "outra Maria" no recinto do sepulcro. A única coerência aqui é que Maria Madalena estava no túmulo.

Notamos outras incoerências nas diversas versões da ressurreição, as quais, de certo modo, insinuam que Jesus estava vivo (literalmente), e não ressuscitado. Mateus nos mostra o anjo rolando a pedra e sentando-se nela, enquanto os guardas, estupefatos, ficam como que "mortos". Em seguida, o anjo diz às mulheres que Jesus não está ali, que elas partam a comunicar o fato aos outros discípulos e que todos o verão na Galiléia. Sempre segundo Mateus, elas deparam com Jesus logo depois, antes mesmo de se encontrarem com os discípulos, e muito longe da Galiléia. Na ocasião, Jesus lhes pede que digam aos discípulos para irem vê-lo na Galiléia.

No relato de Marcos, temos Maria Madalena, Maria de Cléopas (mãe de Tiago) e Salomé encontrando a pedra removida e um jovem de trajes brancos (anjo?) sentado no interior do sepulcro vazio. O jovem lhes diz que Jesus não está ali, pois ressuscitou, e que devem pedir aos discípulos para irem vê-lo na Galiléia. Marcos nos mostra então Jesus aparecendo a Maria Madalena e ela correndo a informar aos discípulos que ele está vivo. Citemos Marcos 16:10-1: "*E, partindo ela, foi anunciá-lo àqueles que, tendo sido companheiros de Jesus, se achavam tristes e choravam. Estes, ouvindo que ele **vivia** e que fora visto por ela, não acreditaram*".

Já Lucas nos conta que as mulheres (Maria Madalena, Joana, Maria de Cléopas e outras) encontraram a pedra removida e que dois homens em "vestes resplandecentes" se dirigiram a elas, dizendo: "Por que buscais o **vivente** entre os mortos?" Em seguida, comunicam-lhes que ele ressuscitou e não se acha mais ali. As mulheres, então, correm a informar os discípulos.

Para João, só Maria Madalena esteve no local e encontrou a sepultura aberta. Ela então vai apressadamente ao encontro de Pedro e outro discípulo (talvez João, o Bem-amado), dizendo-lhes que o túmulo fora aberto e que o corpo de Cristo desaparecera. Pedro e João acorrem, constatam que o túmulo estava realmente vazio e voltam para casa. Maria Madalena fica e vê dois anjos vestidos de branco, sentados no interior do sepulcro, que lhe perguntam: "Mulher, por que choras?" Maria responde: "Porque levaram o meu Senhor e não sei onde o depuseram". O evangelho de João conta em seguida que Jesus apareceu a Maria Madalena, a qual, no primeiro momento, não o reconheceu, tomando-o pelo jardineiro. Estaria Jesus, de alguma maneira, disfarçado?

Aqui, de novo, os relatos são conflitantes. Não sabemos quais mulheres estiveram no sepulcro; quantos anjos apareceram no local, se algum apareceu; se todos ou apenas dois discípulos foram até lá; se a pedra foi removida ou se a sepultura já estava aberta; e se Maria Madalena viu Cristo, e em que momento. Seria de desejar que um episódio tão importante quanto a ressurreição fosse narrado com mais consistência.

Ao que parece, a única concordância nos evangelhos é o fato de os discípulos serem uns fracos. Os quatro evangelhos revelam que alguns, se não todos, hesitaram em aceitar que Cristo estivesse vivo e ressuscitara. Lemos em Mateus 28:17, pouco antes de Jesus promover os discípulos a apóstolos: "*E quando o viram, o adoraram; mas alguns duvidaram*". Em Marcos, Jesus aparece a dois discípulos, que continuaram duvidando, embora ele fosse logo depois declará-los apóstolos; em seguida, lemos (16:14): "*Finalmente, apareceu Jesus aos onze, quando estavam à mesa, e censurou-lhes a incredulidade e dureza de coração, porque não deram crédito aos que o tinham visto já ressuscitado*".

Lucas e João narram o episódio mais longamente, sempre insistindo, porém, em que os discípulos de Cristo estavam hesitantes e amedrontados. Esses dois evangelhos ainda relatam histórias graças às quais podemos deduzir que Jesus estava vivo e em ação. Em Lucas, aparecendo aos onze, ele diz: "*A paz esteja convosco; sou eu, não temais*" (Lucas 24:36). Lucas informa a seguir que os discípulos se sentiam perplexos e atemorizados, imaginando estar vendo um espírito. Mas Jesus (Lucas 24:38-9) disse: "*Por que estais perturbados, e por que surgem tais dúvidas em vossos corações? Vede minhas mãos e meus pés: Sou eu! Apalpai-me e entendei que **um espírito não tem carne, nem ossos**, como estais vendo que eu tenho*". Lemos também em Lucas 24:41-3: "*E, por não acreditarem eles ainda, por causa da alegria, e estando admirados, Jesus lhes disse: Tendes aqui alguma cousa que comer? Então, lhe apresentaram um pedaço de peixe assado e um favo de mel. E ele comeu na presença deles*". João também nos conta a história de um incrédulo Tomé dizendo aos companheiros que só acreditaria em Jesus vivo caso lhe pusesse o dedo nas feridas. Em João 20:26-9, lemos: "*Passados oito* *dias, estavam outra vez ali reunidos os seus discípulos, e Tomé, com eles. Estando as portas trancadas, veio Jesus, pôs-se no meio e disse-lhes: A paz esteja convosco. Disse depois a Tomé: Põe aqui o teu dedo e vê minhas mãos; chega também a tua mão e põe-na no meu lado; não sejas incrédulo, mas crente. Respondeu-lhe Tomé: Senhor meu e Deus meu! Disse-lhe Jesus: Porque me viste, creste? Bem-aventurados os que não viram e creram*".

O leitor não precisa, como eu, tratar com fantasmas para saber que não se pode tocá-los; nenhum deles jamais me disse que tinha fome e muito menos se sentou para comer. Os fantasmas, quando tocados, provocam uma sensação muito leve, e podem mesmo mover coisas ou fazer ruídos; mas não têm consistência ao toque. Alguns são de muito poucas palavras, outros falam sem parar. É possível vê-los, como eu própria os vi várias vezes; parecem reais, mas logo se desvanecem. Guias Espirituais também se manifestam de vez em quando, embora só conservem a forma durante pouco tempo, pois estão num plano superior. De fato, quanto mais tempo faça que desencarnaram, mais difícil se torna para eles manifestar-se, porque passaram a um plano ou nível vibracional mais alto. Os anjos que estão sempre à nossa volta não falam. Só o fazem (o que é raro) quando assumem forma humana para nos salvar a vida ou transmitir uma mensagem. Entretanto, nenhum fantasma fica conosco, come à nossa mesa, prevê nosso futuro ou nos dá conselhos, como fez Jesus a seus discípulos.

Perguntará o leitor: ora, se Jesus era o Filho de Deus, não podia agir como bem entendesse? Sem dúvida, mas como ele não morrera, isso estava fora de cogitação. Vale repetir aqui: em que semelhante fato diminui a divindade de Jesus Cristo? Muçulmanos e budistas, a meu ver, não exaltam menos seus mensageiros só porque eles não foram mártires nem ressuscitaram. Nada altera a verdade de que Cristo era divino.

Francine diz que, após tirar Jesus do túmulo, Maria Madalena e José de Arimatéia levaram-no para um lugar seguro, a fim de que se recuperasse. Foi então que planejaram a melhor maneira de contar aos discípulos sobre a trama, sobre o fato de Jesus continuar vivo e sobre o que tencionavam fazer doravante. Após cerca de uma semana de convalescença, Jesus resolveu sair disfarçado a fim de se encontrar com alguns discípulos; e, após rir bastante de sua confusão, deu-se a conhecer e pediu que fossem todos vê-lo na Galiléia, no prazo de duas semanas. Jesus se reservou ainda uma semana para os preparativos da viagem e partiu para a Galiléia, ao encontro dos discípulos.

A história de Maria Madalena indo ao sepulcro nas primeiras horas do dia seguinte ao Sabá (Domingo de Páscoa) não é verdadeira, segundo Francine. Maria Madalena jamais saiu do lado de Jesus e, depois de levá-lo para um lugar seguro, já no domingo ele estava em franca recuperação. A história foi elaborada para nos convencer de que houve testemunhas da ressurreição, artimanha das mais oportunas, como logo veremos. A pedra que servia de porta foi removida pelos guardas do Sinédrio, instruídos a averiguar se Cristo ressuscitara ou não. Encontrando o local vazio, eles imediatamente relataram o fato a seus superiores. Os sacerdotes do Sinédrio se viram então enredados num dilema espiritual. Teriam assassinado mesmo seu próprio Messias? O medo e a culpa prevaleceram, e eles espalharam a história de que o corpo de Cristo fora roubado por seus discípulos.

Francine diz que a parte do Novo Testamento em que os evangelhos de Mateus, Marcos, Lucas e João relatam a crucificação e a ressurreição de Cristo foi forjada principalmente para ocultar que Jesus estava vivo e bem. Embora haja sido crucificado e sofresse horrivelmente, nenhuma das circunstâncias do plano para salvar Jesus veio à tona, exceto por algumas insinuações a que já me referi. A ressurreição foi uma completa farsa, destinada a esconder que Jesus e sua família se salvaram — pois quem iria dar-se o trabalho de procurar um morto agora nos céus?

Jesus viajou para a Galiléia disfarçado e várias vezes parou no caminho a fim de descansar, pois ainda não estava inteiramente recuperado da provação na cruz. Evitava cuidadosamente os soldados romanos, os fariseus e os sacerdotes, chegando desse modo são e salvo ao local de encontro com os discípulos. Segundo Francine, eles ficaram muito assustados ao revê-lo e acharam que se tratava de um espírito, conforme lemos em Lucas 24:37. Jesus se dirigiu então, não apenas a Tomé, mas a todos, convidando-os a tocar-lhe as feridas e certificar-se de que estava realmente vivo. Em seguida, pediu comida, pois estava faminto. Os discípulos então se convenceram e fizeram-lhe várias perguntas.

Jesus permaneceu as duas semanas seguintes longe dos olhos do público e explicou aos discípulos todos os detalhes do plano arquitetado com Pôncio Pilatos, plano do qual, conforme esclareceu, não poderia tê-los posto a par por uma questão de segurança. No começo, vários discípulos se sentiram magoados e feridos em seu ego porque Jesus não confiara neles; mas, depois de saber que o segredo fora necessário para diminuir as chances de indiscrição, conformaram-se. Jesus também lhes confidenciou que Judas Iscariotes não era nenhum traidor, apenas fingira entregá-lo, a seu pedido, para tornar mais verossímil o plano.

Cristo, em seguida, inteirou-os de muitas coisas absolutamente imprescindíveis para sua fuga e sobrevivência. Contou-lhes que deixaria Israel a fim de evitar uma possível recaptura e morte. Durante esse tempo, preparou-os também para serem apóstolos, dando-lhes instruções sobre o rumo que cada qual tomaria a fim de divulgar seus ensinamentos. Instruiu-os a viajar em grupos de dois, pois assim se auxiliariam mutuamente na missão evangelizadora. Deviam ir para a Grécia, Turquia, Ásia e Europa. Seu irmão Tiago permaneceria em Israel e ali chefiaria as operações. Antes de partir, eles ouviram de Jesus palavras de esperança, sabedoria e amor, além da garantia de que o mestre estaria sempre com eles, em carne ou espírito. Os apóstolos não queriam que Jesus e sua família fossem embora, mas compreenderam que assim devia ser; era muito grande o perigo de que acabassem descobertos e perseguidos. Jesus, finalmente, se despediu deles e avisou que iria para os céus — termo com o qual os essênios designavam Qumran —, onde finalizaria os preparativos da viagem. Meses haviam se passado desde o episódio da crucificação e Jesus tinha certeza de ter preparado os apóstolos da melhor maneira possível. Depois disso, como conta Francine, eles partiram e pregaram em muitas terras — afirmando, sempre, que o mestre havia morrido na cruz, ressuscitado e que depois subiu aos céus, para proteger o segredo de que ele continuava vivo.

Foi por esse tempo que Jesus teve um encontro sentimental com a mãe, a quem relatou também o plano para sua sobrevivência e o projeto da fuga iminente. Estando ainda escondido, deu-se outro acontecimento de enorme alcance: Maria Madalena ficou grávida. Esse filho, poder-se-ia pensar, devia ser festivamente saudado pelo grupo, o que, até certo ponto, aconteceu; mas agora aumentava o receio de que a criança se perdesse caso fossem todos capturados: precisavam, pois, fugir o quanto antes. Assim, o medo se misturou à alegria. Alegria porque a linhagem real da Casa de Davi e dos futuros reis merovíngios se perpetuaria; medo porque, uma vez apanhados, todos seriam tidos como conspiradores e receberiam a sentença de morte.

José de Arimatéia foi verdadeiramente um dos heróis da história da fuga de Jesus. Amigo íntimo de Pilatos e seu ministro das Minas, passava por ser também, discretamente, um discípulo de Cristo. Ele era tio da mãe de Jesus e, muito rico, possuía minas de estanho na Bretanha. Suas relações com o governo romano e sua amizade com Pôncio Pilatos foram fatores-chave no plano para salvar Jesus. Hoje, temo eu, isso seria chamado de suborno ou corrupção. O dinheiro dado às pessoas certas, sem excluir Pôncio Pilatos, facilitou bastante a fuga da família.

Jesus levou então seus familiares para Qumran, onde esperariam o momento em que José de Arimatéia viria ajudá-los a deixar Israel. José não mediu esforços para preparar a fuga. Mandou construir um navio em Tiro, grande o bastante para levar suprimentos capazes de sustentar os passageiros durante uma longa viagem. Achava melhor que fossem para a Bretanha, onde, como vimos, ele possuía grandes negócios. José providenciou mesmo uma pequena escolta de barcos que os protegessem dos piratas, então encarniçadamente empenhados em atacar as rotas comerciais. Cerca de seis meses após a crucificação, José foi ao encontro de Jesus e sua família. Deixaram Qumran e, durante umas duas semanas, atravessaram a Galiléia rumo à cidade costeira de Tiro. Na calada da noite, subiram a bordo do bem-aprovisionado navio que José lhes pusera à disposição e, com a primeira maré, içaram velas. Com Jesus iam Maria Madalena, Maria, sua mãe, José, Filipe e Tiago — dois de seus discípulos. Embora José sugerisse que fossem para a Bretanha, eles não estavam bem certos, segundo Francine, de onde desembarcariam. Mas Jesus lhes garantiu que saberiam qual era o lugar tão logo o encontrassem.

Isso, no meu modo de entender, indica que Jesus sempre esteve em contato com Deus, mais que qualquer outra pessoa vinda a este mundo, inclusive Moisés, que supostamente ouvia a voz divina numa sarça ardente. Embora alguns teólogos contestem essa história de Moisés, ele deve ter sido realmente um inspirado de Deus. A perambulação pelo deserto durante quarenta anos, porém, leva-nos a indagar até que ponto Deus o inspirava; Jesus, no entanto, jamais se apartou de seu caminho profético e previamente traçado. Não resta dúvida de que, se nem sempre concordou em cumprir seu destino, no fim o fez com grande coragem e força de vontade. Pressentia que as chances de seus ensinamentos e modo de vida resistirem ao tempo seriam tanto maiores quanto mais lancinantes fossem suas dores.

Aqui, de novo, Jesus se opunha a algumas das grandes religiões que na época dominavam o mundo. Embora o estilo de vida e o sistema de crenças dos gnósticos datassem de milênios, eles não haviam tido líder até o aparecimento de Jesus. Pode-se ter uma crença; mas toda religião, para apresentá-la aos olhos do público, parece ter necessidade de um messias ou mensageiro. Jesus foi, pois, o verdadeiro escolhido de Deus, a divindade em forma humana.

O navio bordejou a costa, dirigiu-se para oeste e finalmente ancorou na Turquia (onde os habitantes até hoje garantem que Jesus e Maria Madalena estiveram), diante de Éfeso. Enquanto esteve em Éfeso, Jesus instruiu José de Arimatéia a reembarcar, dirigir-se à Bretanha, pregar ali seus ensinamentos e voltar a Éfeso num prazo de três anos, a fim de o apanhar. Após marcarem a data do reencontro, José navegou para a Bretanha e instalou um centro cristão em Glastonbury. Jesus alugou uma residência para a mãe e Tiago, sem esquecer de contratar criados que os servissem. Depois, em companhia de Maria Madalena (que não admitia ser deixada para trás) e Filipe, rumou para a Índia e a Caxemira. Foi durante essa viagem que Maria Madalena deu à luz sua primeira filha, Sara. Jesus, Maria e Filipe passaram quase um ano e meio na Índia e na Caxemira, pregando para quem os quisesse ouvir. Sabendo que deveria reencontrar José e ansioso por rever a mãe, voltou a Éfeso. Semanas depois José desembarcava. Todos então, aprestando as bagagens, velejaram para o oeste. Fizeram escalas na Grécia e na Itália; depois, foram visitar o centro cristão instalado por José na Bretanha. Finalmente, tomaram o rumo da França e fundearam nas imediações de Marselha. Após viajar pelo país, estabeleceram-se no sul, na região de Rennes-le-Château. Não se sabe bem por que escolheram a França; apenas sei, por Francine, que eles foram conduzidos para lá.

Posto que residindo em Rennes-le-Château, não deixaram de percorrer a área, pregando por todo o Languedoc. Sabemos que pelo menos uma grande comunidade de gnósticos, os cátaros, também se instalaram no local, o que não pode ser mera coincidência. E sabemos igualmente que diversas sociedades secretas, como o Priorado de Sião, a Maçonaria e os Cavaleiros Templários deitaram raízes tanto na França quanto na Inglaterra. Por que nesses lugares? O fato se explica por si mesmo, sobretudo tendo-se em mente que essas sociedades procuravam proteger a descendência da família real fundada por Jesus e Maria Madalena. Os Cavaleiros Templários, durante muitos anos, possuíram terras e um castelo na região, onde gozavam de enorme influência sobre o povo. Durante a Idade Média, os cátaros da área arrancaram inúmeros fiéis da Igreja Católica, que por isso lhes moveu uma cruzada e quase os exterminou. Praticamente todo o Languedoc estava nas mãos dos gnósticos, que no auge de seu prestígio ali se firmaram graças à proteção dos Cavaleiros Templários e da nobreza local.

Alguns historiadores sustentam que apenas Maria Madalena, Sara (a quem chamam a Egípcia) e José de Arimatéia se estabeleceram em solo francês; mas, sem sombra de dúvida, também Jesus, Filipe e Tiago os acompanhavam. Segundo Francine, Jesus tomou o nome de Davi Albengentun como parte de sua nova identidade. Como ninguém na França jamais vira Jesus e, decerto, naqueles primeiros tempos nada se sabia do que ocorrera em lugares tão distantes quanto a Galiléia, Nazaré, Belém ou Jerusalém, o mestre podia começar tranqüilamente vida nova naquele local. A meu ver, muitos dos habitantes nem sequer sabiam da existência daquelas plagas. Convém não esquecer: na época, acreditava-se que a Terra fosse plana e, se alguém viajasse para muito longe, cairia num abismo. Só no final do século XV, por obra de Colombo, e em meados do século XVI os exploradores provaram ser possível contornar o mundo até então desconhecido.

Sara era muito pequena quando o casal teve outra filha, Ester, e dois filhos. Maria Madalena também abortou diversas vezes. Jesus agia com discrição, mas ainda assim converteu muitas pessoas das imediações, que seriam os futuros gnósticos ciosos de seu segredo até a morte. O chamado Santo Graal era o ventre de Maria Madalena, que abrigava sua descendência de sangue real (*sang real*), expressão cuja tradução é "sangue sagrado", "sangue real" ou "sangue dos reis". Na Idade Média, o Santo Graal era às vezes chamado de Sangreal ou San Greal — "Cálice Sagrado". Dependendo da pronúncia, Sangreal pode fornecer duas interpretações fascinantes.

Jesus tinha então 35 ou 36 anos; Maria Madalena, 23 ou 24. Ela saía a pregar os ensinamentos de Cristo e muitos a consideram o primeiro papa, em lugar de Pedro. Ainda hoje, na França, ergue-se a igreja de Madalena em Rennes-le-Château, como em vários outros lugares por todo o mundo. Ora, se essa mulher não fosse reverenciada como santa, ninguém pensaria em erigir-lhe templos. Muitos papas não tiveram esse privilégio. As igrejas são reservadas aos santos, de modo que as pessoas a devem ter considerado como tal. Os teólogos católicos discutiram sobre ela durante anos e, já no século III d.C., Maria Madalena foi vilipendiada por Hipólito como pecadora e prostituta. O papa Gregório I, em 591 d.C., confirmou essa acusação e ela passou a ser vista pela Igreja Católica como pecadora "arrependida" até 1969, quando o clero admitiu durante o Segundo Concílio do Vaticano II (Vaticano II), sem muita publicidade, que se enganara e que ela não era de modo algum pecadora. Maria Madalena nunca foi canonizada pela Igreja, que no entanto a considera assim em virtude da "percepção dos fiéis". A canonização só foi adotada e implementada no século X d.C.; antes disso, a veneração e a opinião pública — a "percepção dos fiéis" — é que faziam os santos. Maria Madalena está nessa categoria e é especialmente venerada na França, onde, durante a Idade Média, diversas igrejas foram construídas em seu nome.

Maria Madalena, misturando-se ao povo, praticava boas obras e pregava constantemente os ensinamentos de Jesus. Este preferia manter-se na sombra e dedicar-se a escrever seus livros, alguns dos quais foram atribuídos a Filipe. Filipe e Tiago consignaram, em seu próprio nome, as palavras exatas de Jesus, mantendo um registro meticuloso dos sermões e ensinamentos que ele ministrava ao povo. Francine chega a informar que Jesus ajudou Tiago e Madalena a escreverem seus evangelhos.

Os evangelhos de Filipe e de Tiago foram descobertos em Nag Hammadi, Egito, no ano de 1945; já o de Maria Madalena foi adquirido em 1896 em Akhmim, Egito, pelos alemães, que lhe deram o título de Códice Berlinense. O evangelho de Maria Madalena não faz parte da biblioteca de Nag Hammadi, como muitos pensam, e só foi realmente traduzido na década de 1950. Nenhum desses evangelhos recém-descobertos é a versão original, mas certamente eles não foram manipulados como os escritos do Novo Testamento, copiados e modificados milhares de vezes. O verdadeiro significado não raro nos escapa numa tradução, quanto mais se feita a partir do aramaico para o latim, o grego e outras línguas, em cópias e mais cópias manuscritas.

Não bastasse isso, há várias palavras mal-interpretadas, como "pecado". Esse termo pertencia originalmente à linguagem dos arqueiros e significava "errar o alvo". Portanto, basta pôr outra flecha na corda e tentar de novo. A palavra hebraica *sheol* adquiriu a acepção de inferno ou Hades, mas na verdade designava um depósito de lixo sempre em chamas nas proximidades de Jerusalém. Junte-se tudo isso, mais um demônio ou o lendário "anjo caído" chamado Lúcifer, e tem-se o bastante para aterrorizar um populacho ignaro a ponto de fazê-lo dar dinheiro a fim de escapar à danação. Assim se conquista o poder. Se você não acreditar no que a Igreja quer que acredite, considere-se condenado. No entanto, diz-se que Deus é amor, onisciência, perdão e onipotência. Como poderia condenar aqueles que a Igreja sentenciou à danação eterna? Este é um mundo de negatividade, dissensão e sofrimento; mas é também o plano temporal para o aprendizado, a escola da alma. Se a negatividade e o mal não existissem, como conheceríamos o bem? Como saberíamos qual é a substância de nossa alma e a que provas devemos nos submeter a fim de testar nossa têmpera e adquirir conhecimento, ampliando o alcance de nossa espiritualidade?

Minha pesquisa foi feita, naturalmente, graças à inspiração divina (como todas as coisas), à minha experiência de vida e às vinte palestras diárias que dou há mais de cinqüenta anos. Mas, vivendo no plano terreno, todas as pessoas têm a chance de aprender e, conforme este trecho de minha prece favorita, "Minha alma exalta o Senhor", glorificar a Deus com seus atos.

Aqueles que se conscientizaram da verdade secreta sobre a vida de Cristo — quer fossem os Cavaleiros Templários, algum tempo depois, ou os habitantes das aldeias francesas que conviveram com Jesus — guardaram ciosamente esse segredo, tudo fazendo para proteger o mestre e sua família. Esses indivíduos, sempre à volta de Jesus em seu refúgio francês, tornaram-se um novo tipo de gnósticos e repudiaram as velhas doutrinas da seita que ainda prevaleciam para adotar os ensinamentos verdadeiros de Jesus — não os do Novo Testamento, falseados pela Igreja primitiva. Eles foram os primeiros cristãos gnósticos autênticos, alheios à questão da divindade, mas apegados aos ensinamentos maravilhosos e edificantes do mestre. A verdade é a verdade e o problema da natureza divina de Jesus nada tem a ver com ela.

Maria, mãe de Cristo, faleceu cerca de dez anos após sua chegada à França. Jesus permaneceu ao seu lado até o fim, como também as crianças e Maria Madalena. José de Arimatéia morreu quatro anos depois, restando apenas Tiago, Filipe, Madalena, Jesus e os quatro filhos. Jesus pregava breves sermões às crianças das aldeias circunvizinhas e elas se tornaram os gnósticos que propalariam seus ensinamentos. Também pregava às pessoas que se dispusessem a ouvi-lo, mas isso raramente. Segundo Francine, Jesus amava muito as crianças, sabia que elas eram o futuro e que transmitiriam suas lições de geração em geração. Também operou alguns milagres de tempos a tempos, mas sempre procurando ser discreto quanto às suas habilidades curativas.

Madalena, por sua vez, era muito ativa na comunidade, ensinando às mulheres como ministrar lições espirituais e mesmo o que hoje chamamos de sacramentos. Elas batizavam, aconselhavam e até celebravam o matrimônio. Também estudavam outras religiões, teologias e filosofias ao seu alcance, numa espécie de trabalho em grupo onde se discutiam os méritos e falácias dessas doutrinas.

As mulheres foram os primeiros sacerdotes; até os historiadores reconhecem isso. Mas, coisa estranha, as mulheres iam se tornando mestras espirituais também em outras partes do mundo, o que mais tarde provocou a ira da Santa Inquisição. Ou elas reconheciam seu lugar ou seriam consideradas feiticeiras e hereges. A França também desempenhou seu papel na saga de Joana d'Arc, que vale por um livro. Esse país muito contribuiu para a espiritualidade do mundo, devido, em não pequena medida, aos ensinamentos de Jesus e Maria Madalena.

Depois de viver mais de quatro décadas na França, Jesus faleceu com cerca de 86 anos, idade muito avançada para a época. Maria Madalena sobreviveu-lhe por vinte anos e chegou aos noventa. Era venerada pelo povo local quase como um santo ou papa o seria mais tarde. Curava, praticava boas obras, ensinava e proferia sermões. Um de seus filhos foi para a Grécia e o outro para Roma, mas Sara e Ester permaneceram na França. Com a ajuda de Madalena, eles conseguiram reunir pequenos, mas às vezes grandes conclaves de gnósticos que se espalharam pela Espanha, Portugal, Ilhas Britânicas e mesmo países do Extremo Oriente como a Índia. Os gnósticos não conseguiram fincar raízes na Índia e Extremo Oriente, como haviam feito na Europa, porque esses povos já cultivavam há muito suas religiões — budismo, hinduísmo, etc. Mas, a despeito do fracasso, nunca foram perseguidos ali, pois talvez não haja neste mundo país mais tolerante para com todos os credos do que a Índia. Oh, sim, houve alguns episódios de revolta e perseguição (o homem é sempre homem), mas nada que lembrasse o conflito aparentemente interminável entre os israelenses e palestinos de hoje. Na Índia vemos templos, mesquitas e igrejas lado a lado.

Quando Jesus e Madalena deixaram o plano terreno, estavam cientes de seu destino e de que sua história autêntica levaria anos para ser contada. Acima de tudo, suas vidas foram dedicadas ao Deus verdadeiro, sem dogmas nem medos. Essa é, sem dúvida, a maior história de amor de todos os tempos, ultrapassando em beleza a de Abelardo e Heloísa ou a de Romeu e Julieta. Jesus e Maria Madalena eram inteiramente devotados um ao outro, bem como ao amor de Deus e ao culto da verdade.

Quem conhecia a verdade protegia-a intransigentemente e, para garantir essa proteção, sociedades secretas tiveram de surgir, dadas as perseguições da Igreja. Esta, que só cobiçava mesmo o supremo poder patriarcal, nenhuma pessoa e nenhum grupo era suficientemente forte para deter. Ela já dominava reis e nobres, possuía vastas extensões de terra e outras propriedades — era extremamente rica. A corrupção crescia e a Igreja abusava cada vez mais do seu poder derrubando monarcas e perseguindo, por meio das cruzadas e inquisições, tanto os gnósticos quanto outras religiões e seitas. Guerras santas, torturas e morticínios tornaram-se os seus instrumentos[...] tudo em nome de Deus. Assim se formaram as sociedades secretas para proteger a Linhagem Sagrada e manter a liberdade de culto fora do alcance da Igreja. Sem dúvida, algumas delas também se corromperam devido ao fascínio do poder, mas isso não as desviou daquilo que sabiam; apenas usaram o poder de maneira errada.

De um modo geral, a vida de Jesus foi tranqüila e feliz desde que ele se instalou na França. Cristo via longe e sabia que, não importava quanto demorasse, a verdade acabaria por vir à tona. Isso se daria em nosso tempo e não no seu — restavam ainda muitos séculos. Jesus não ignorava também que, quando a verdade fosse revelada, suscitaria enorme polêmica devido ao poder da Igreja, com suas mentiras e engodos; porém, no final das contas, seria como tudo o mais: uns acreditariam, outros não.

As pessoas convictas da divindade de Jesus Cristo, fiéis às suas palavras e ensinamentos, reconhecem que suas dores e mesmo seu exílio auto-imposto não foram em vão; que ele se opunha às religiões vigentes, dogmáticas a ponto de desconhecerem a essência verdadeira de Deus. Jesus talvez não previsse que seus ensinamentos seriam abastardados por homens decididos a criar uma religião poderosa, rica e intransigente, dada a controlar pelo dogma e pelo medo. Ele não ia a igrejas e templos, ensinava que as pessoas deviam buscar e encontrar a verdade em seu próprio templo interior — sem ódio, remorso ou pavor. Jesus nos mostrou o Deus real, mas aqueles que vieram depois dele montaram uma organização onde o dinheiro, o poder e a política eram mais importantes — e se encarniçaram na conquista desses privilégios.

Parece que o pêndulo tem de balançar violentamente antes de atingir o equilíbrio. Não estou de modo algum querendo ser superior a ninguém. Tenho contado muita coisa sobre minha vida e meus erros, mas devo dizer que, escrevendo o presente livro, sinto Deus a meu lado o tempo todo. É como se Jesus, caso eu hesitasse num ponto qualquer, me dissesse: "Não se preocupe, a verdade aparecerá".

Nós, gnósticos, somos cristãos da gema e, se eu ou um dos outros adeptos dessa doutrina a divulgássemos em tempos que não os atuais, seríamos provavelmente queimados na fogueira ou torturados. Tento, como tentaram todos os gnósticos ao longo das eras, viver uma boa vida, amar a Deus e ir para casa.

CAPÍTULO 8

O Verdadeiro Apocalipse

Para muitos, a religião é uma fonte inesgotável de consolo, uma oportunidade para cultuarem o Deus ou divindade de sua escolha. Há decerto verdades em todas as religiões, mas também falácias óbvias, baseadas na mitologia, no dogma e na tradição. Desde os primórdios, a humanidade se sente compelida a adorar alguma criatura ou poder superior a ela própria, quer se trate do Sol, de um animal ameaçador ou mesmo de um aspecto qualquer da natureza que impressionava o primitivo homem das cavernas, quer da pompa de uma prática ou cerimônia religiosa a que se entrega o homem civilizado. Uma das primeiras coisas que o homem notou foi a dualidade existente na criação: desde a que se observa entre macho e fêmea, na natureza, até a que, na esfera do comportamento, foi classificada como bem e mal. É nesta que nos concentraremos, pois tem enorme impacto na formulação das religiões da humanidade.

Desde o começo, os homens reconhecem o poder sob suas muitas formas: cacique, rei ou rainha, líder religioso, chefe político ou mesmo Mãe Natureza. O homem primitivo via as calamidades naturais como presságios ou indícios da cólera de um deus — por que, a não ser assim, um terremoto, erupção vulcânica ou enchente destruiriam suas casas? Hoje, sabemos que esses acidentes não eram causados pela vontade divina, mas pelas forças da natureza que de tempos em tempos provocam desastres. Nossos cientistas nos explicam que certas condições climáticas ou atmosféricas geram tempestades, que podem se transformar em furacões, ciclones, inundações, etc. Nós aceitamos isso, reconhecemos a sabedoria da ciência e respeitamos inteligentemente a Mãe Natureza em vez de sacrificar ao deus do vento, do fogo ou outro qualquer que esteja dando vazão à sua ira. Os tempos mudaram, o estudo e as descobertas da ciência nos forneceram uma perspectiva diferente[...] ou não?

Os avanços científicos e o aprimoramento da educação modificam nossa maneira de pensar e ver a vida quase diariamente. Evoluímos de crenças antiquadas, como a de que a Terra é chata, ao conhecimento generalizado de que ela não passa de uma insignificante esfera planetária num universo aparentemente infinito, constituído por trilhões de planetas e sóis que guardam entre si distâncias inconcebíveis (caramba!). Novas descobertas em medicina modificaram nossa maneira de encarar as doenças. Já não podemos dizer, como os antigos, que elas sejam causadas por deuses sedentos de vingança ou demônios dominadores de corpos. A ciência e a tecnologia abriram mundos novos de conhecimento, o que é ao mesmo tempo bom e mau. Dispomos de maravilhosos instrumentos tecnológicos que nos ajudam no dia-a-dia, remédios e tratamentos clínicos que aumentam nossa perspectiva de vida e aliviam nossas dores; mas temos também armas de destruição em massa capazes de aniquilar milhões de pessoas num piscar de olhos. O progresso da civilização traz coisas boas, mas pode também criar problemas que todos temos de resolver. Não é que a mudança, em si, seja má; entretanto, devemos nos adaptar a essa mudança com seus possíveis problemas muito mais rapidamente que antes.

Ao contrário, se nos recusarmos a modificar certas áreas problemáticas de nossa sociedade global, esses problemas poderão conduzir a mais dissensões, mais guerras, mais derramamentos de sangue, mais sofrimentos humanos. Problemas como preconceitos raciais, étnicos e religiosos; fome e doença; disputas de terras e recursos naturais; controle populacional e degradação do meio ambiente estão aí e precisam ser resolvidos. Mas como pôr um fim aos males provocados pela própria natureza do homem? Certamente, ninguém nem nação alguma poderá fazê-lo porque se trata de emoções e crenças inerentes ao ser humano: cobiça, vingança, falta de discernimento, preconceitos étnicos e religiosos, apatia, nacionalismo (tanto político quanto religioso), ânsia de poder, hipocrisia e falta geral de espiritualidade. À primeira vista, parece que nenhum desses problemas poderá ser resolvido — quanto mais todos. Nações, grupos e indivíduos tentaram-no durante anos, com pouquíssimo êxito. Uma das pedras angulares da sociedade que talvez eliminasse ou pelo menos abrandasse esses problemas seria a religião. Mas é aí que reside o problema maior.

Não existe área mais diversificada, no âmbito dos empreendimentos humanos, que a das religiões. Elas são também arcaicas, aferradas a dogmas e tradições — e, pior que tudo, recusam-se a mudar ou mudam muito lentamente. Pode-se dizer que todas as grandes religiões impõem o conceito segundo o qual seu fundador sabia tudo e por isso continuam a cultivar suas crenças fundamentais, cujas origens remontam a mil e quinhentos ou mesmo quatro mil anos. Poucas, se alguma, operaram mudanças radicais em seus dogmas ou crenças, embora muitas sejam tidas como superadas e úteis apenas para os tempos antigos. Imersas na paralisia e na tradição, essas doutrinas insistem em não se atualizar num mundo que necessita de um ponto de vista religioso novo para resolver os problemas modernos. Um exemplo fundamental dessa falta de mudança reside nas escrituras apocalípticas que ainda estão presentes na maioria das religiões de hoje.

Examinemos, em primeiro lugar, a palavra "apocalipse". Muitas pessoas acham que ela quer dizer "fim do mundo", mas na verdade significa "revelação" ou "transmissão", a pessoas escolhidas (mensageiros ou messias), de informações sobre Deus e o futuro, a que o comum da humanidade não tem acesso. As tradições judaicas, cristãs e islâmicas interpretam o Apocalipse como o fim do mundo tal qual o imaginamos, e há razões de peso para isso. Crenças como a ressurreição dos mortos, o Dia do Juízo, o céu e o inferno são enfatizadas realmente na literatura apocalíptica dessas religiões, fazendo parte de sua estratégia filosófica para "controlar as massas pelo medo".

Pense no seguinte: as religiões se valem dos escritos apocalípticos para impingir noções como Satã ou Demônio, um lugar de suplícios eternos chamado Inferno e, acima de tudo, um julgamento após o qual a alma irá em definitivo para o céu ou para o inferno. Obviamente, se você seguir fielmente sua religião, comportar-se como os sacerdotes determinarem que se comporte, adotar seus dogmas e lhes der dinheiro suficiente, irá para o céu — desde, é claro, que não reflita nem acumule conhecimentos capazes de lhes desmascarar a hipocrisia e a mentira, o que libertaria você do controle pelo medo.

As religiões orientais do hinduísmo e do budismo não são intransigentes nem aterrorizantes como as dos judeus, cristãos e muçulmanos em sua literatura apocalíptica. O hinduísmo e o budismo (este uma derivação do hinduísmo) acreditam no chamado *pralay*, que é o fim do mundo por meios naturais como as catástrofes causadas pela Mãe Natureza. Os problemas ambientais que temos hoje — por exemplo, aquecimento global e diminuição da calota polar — parecem-me os meios mais prováveis para provocar o fim do mundo, se isso tiver realmente de acontecer. Cristo afirmou várias vezes que nenhum homem pode antecipar o final dos tempos e eu concordo com isso, pois só Deus determina nossos destinos.

Isso posto, examinemos a parte do Novo Testamento chamada Livro da Revelação ou Apocalipse (dependendo da versão da Bíblia que se tenha em mãos). Esse livro é conhecido também como Revelação de São João o Divino, Apocalipse de João ou Apocalipse de Jesus Cristo, o Messias. É obra das mais controversas não só por se basear no medo, mas também por não se saber se contém mesmo a verdade absoluta.

O fato é que ele não se aplica mais ao mundo moderno do que à época em que foi escrito, aos tempos da Peste Negra ou ao período da I e II Guerras Mundiais. Não há base alguma para o chamado Arrebatamento, a menos que o encaremos como a aceitação da verdade sobre o amor, a doçura, a tolerância, a paz. Com efeito, o Arrebatamento nem sequer é mencionado no Apocalipse e aparece apenas em Tessalonicenses I (4:13-7), epístola atribuída a Paulo, o apóstolo autoproclamado (de novo, o cristianismo Paulino!). Não se deixe o leitor arrastar para nenhum grupo que o aterrorize, que o envolva num culto ou igreja insana onde se propala o Arrebatamento e os fiéis metem na cabeça que só eles são os "escolhidos" para ir morar no céu com Cristo. Lembre-se de que Deus não é dotado de qualidades humanas e, portanto, não tem favoritos. Somos todos seus filhos; a vida é sofrimento e aprendizado.

Vez por outra bate à minha porta alguém vendendo livros e revistas das Testemunhas de Jeová (que acreditam no Arrebatamento e na salvação de apenas alguns milhares de almas). Outrora, definiam quantas seriam salvas e eu sempre perguntava ao vendedor, sem rodeios: "E o seu número, qual é?" Depois, passaram a dizer que o número de almas era "indeterminado". Não tenciono desmerecer nenhuma igreja ou crença, mas muitas vezes certas crenças e igrejas conservadoras fazem um papel ridículo.

Outra crença comum é que o Anticristo vem mencionado no Apocalipse. Mas isso não é verdade, ele só aparece em duas passagens da Bíblia, nas epístolas de João I (2:18-22) e João II (1:7).

Sucedeu apenas que alguns estudiosos cristãos supuseram a presença do Anticristo no Apocalipse, onde ele não se encontra.

Em todos os séculos se previu o fim dos tempos. Eu própria não acredito que estejamos próximos dessa hora, apenas do fim de uma fase de aperfeiçoamento. Sei que o mundo sobreviverá, mas não a humanidade toda. A Terra está se aquecendo, os gelos estão se fundindo. Arruinamos a atmosfera com fumaça, poluição, etc., e o mundo certamente se vingará de nós. Digo-o porque cerca de 90% das pessoas estão vivendo sua última existência. Essa cifra nunca foi tão alta ao longo de meus mais de cinqüenta anos de palestras. Por quê? Porque a etapa atual de nosso processo de aprendizado logo se encerrará. Continuaremos, não tenho dúvida, a aprender no Outro Lado ou em outros planetas. E repito: creio no Senhor quando disse que ninguém pode prever o fim dos tempos ou do mundo. O mundo é uma coisa; a vida humana, é outra.

O "João" que escreveu o Apocalipse é, segundo a maioria dos estudiosos, o apóstolo Bem-amado (João, o Divino), mas na verdade ninguém sabe quem foi o autor desse texto. O mesmo se aplica aos quatro evangelhos canônicos. Podemos dizer somente que se trata do relato de um sonho, ou do que se supôs ser um sonho. E houve razões para isso. Muita gente, na época, acreditava em sonhos e, se não acreditava, o autor poderia se desculpar alegando que "apenas sonhara". De qualquer modo, "João" se garantia contra a possibilidade de uma repercussão adversa. Lembra Nostradamus, que escreveu dísticos de um modo intencionalmente vago para não provocar a ira da Inquisição.

Muitos historiadores, e mesmo teólogos, acham que o livro nada mais é que uma antologia ou escrito simbólico sobre a situação política da época. Comparam-no a obras como *As Viagens de Gulliver*, também uma crítica ao clima político vigente no tempo de sua redação. Alguns acreditam, e com eles Francine, que o Apocalipse foi escrito durante o reinado sangrento de Nero, portanto entre 64-68 d.C. A Igreja primitiva discutiu acirradamente se deveria ou não incluir o Apocalipse na Bíblia. Ele foi incluído pouco antes de a Bíblia ser refeita e oficializada pela Igreja, mais ou menos em 350 d.C. O antigo clero achou que o livro acrescentava uma pitada de medo ao texto, por assim dizer, e lhe fornecia subsídios para confirmar o dogma da ressurreição dos mortos, do Juízo, do inferno, do céu e de Satanás.

Se alguém hoje resolvesse escrever, mas sem o risco de represálias, sobre Bush, Clinton, Nixon ou algum outro que achasse corrupto, desonesto, injusto e incapaz de resistir à tentação, o faria em termos simbólicos, sob a forma de um ensaio ou livro metafórico. Quer se trate do monstro que sai do mar (talvez o líder romano ou Nero) ou dos sete selos (as sete pragas do tempo de Moisés ou as Sete Colinas de Roma), o simbolismo é mais que aparente. Com efeito, se o livro fosse um apocalipse e não uma analogia com os romanos, o mundo já teria acabado.

O Apocalipse parece ter precedência sobre todos os outros da Bíblia. Lembremo-nos sempre de que seu autor é desconhecido (como os da maioria dos outros textos bíblicos). Mas, para Francine, ele era um cidadão romano que sonhou com os acontecimentos políticos e religiosos da época, por volta de 64 d.C.

O primeiro, o segundo e o terceiro capítulos da Revelação trazem instruções e admoestações; foram, supostamente, endereçados a sete bispos da Ásia, que presidiam a outras tantas igrejas. Os capítulos seguintes são previsões do que estava por vir, particularmente com respeito ao fim do mundo. O Apocalipse, ao que consta, foi redigido em grego, na ilha de Patmos, para onde o suposto "João" fora banido pelo imperador romano. O autor começa lamentando esse banimento, mas afirma que suas palavras provêm diretamente de Deus, na forma como ele as transmitiu a Jesus Cristo.

Nas cartas aos sete bispos da Ásia, o autor censura os pecados da humanidade e até parece reprovar suas igrejas. No capítulo 2:9, na carta à igreja de Esmirna, diz ele: "*Eu sei as tuas obras, e tribulação, e pobreza (mas tu és rico), e a blasfêmia dos que se dizem judeus e não o são, mas são a sinagoga de Satã*". Na carta à igreja de Pérgamo, lemos (2:13): "*Eu sei as tuas obras e onde habitas, que é onde está o trono de Satanás; e reténs o meu nome, e não negaste a minha fé, ainda nos dias de Antipas, minha fiel testemunha, o qual foi morto entre vós, onde Satanás habita*". E por aí vai repreendendo cada uma das sete igrejas, dizendo por exemplo, em 2:20-1 à de Tiatira: "*Mas tenho contra ti que toleras Jezabel, mulher que se diz profetisa, ensinar e enganar os meus servos para que se prostituam e comam dos sacrifícios da idolatria. E dei-lhe tempo para que se arrependesse de sua prostituição; e não se arrependeu*". Uma por uma, as igrejas são criticadas e temos a impressão de que o autor fala delas como de outras tantas Sodomas e Gomorras (cidades que Deus teria destruído porque viviam em pecado). Após censurar as igrejas e aquilo que julga estar errado na religião da época, lança-se a um ataque maldisfarçado contra a política, recorrendo à simbologia. Uma coisa era clamar contra princípios religiosos; bem outra recriminar os políticos, pois isso podia significar a morte. Convém não esquecer, o livro todo mostra Jesus transmitindo essas palavras a João, seu pretenso autor. Temos aí uma ligeira incoerência, pois, como lemos nos evangelhos, Jesus não se interessava por política.

O Apocalipse prossegue com esse João desconhecido sendo conduzido ao céu, onde vê Deus em seu trono, cercado por 24 anciãos com coroas na cabeça e quatro criaturas vivas — um leão, um bezerro, uma águia e um ser com rosto de homem. O conto é dos mais bizarros, as criaturas têm olhos na frente e atrás, além de seis asas. Em seguida, o autor nota um livro na mão direita de Deus, lacrado com sete selos. Ninguém pode abrir o livro, exceto Jesus, que aparece ao autor sob a forma de cordeiro. O livro relata então que Jesus rompe os selos e solta os quatro cavaleiros do Apocalipse, entre outras coisas. Eis que sete anjos tocam suas trombetas e a destruição cai sobre a Terra. Depois, o autor decora o livro dos sete selos e, ao que tudo indica, torna-se profeta.

Na seqüência, entram em cena várias bestas, supostamente manifestações de Satanás, a quem João atribui o número 666. O sinal da besta referia-se na verdade a Nero, que tinha por endereço esse número, e alguns historiadores informam que era também seu nome em hebraico (língua cujas letras têm valores numéricos). Seja como for, acredita-se em geral que a alusão é mesmo ao imperador romano Nero, considerado por muitos o Anticristo. Este tem sido identificado com quase tudo, desde uma sociedade secreta até a Igreja e o código de barras. Para alguns, a tecnologia em seus variados aspectos é o prelúdio ao Anticristo. Nos primeiros tempos do Império Romano, ninguém podia comprar ou vender a menos que pertencesse à casa de César. De novo, vemos o simbolismo disfarçar a verdadeira história política da época. A besta é o regime social que devora as pessoas vivas, tal qual podemos criar uma fera para representar os impostos que nos consomem.

O livro prossegue descrevendo animais bravios que simbolizam o poder demoníaco e as pragas enviadas para destruir a humanidade. Depois, vemos Jesus descendo a combater Satã, que é derrotado e encadeado por mil anos. João passa então ao Dia do Juízo, em que Deus supostamente julgará todos os homens.

Quando Cristo voltará para recompensar os fiéis e destruir os incrédulos? Essa pergunta vem sendo feita há séculos e muita gente julgou ter encontrado a resposta. Mas até agora ninguém sabe coisa alguma a respeito e ninguém respondeu corretamente. O povo judeu espera seu Messias desde sempre, e tem sido atacado e conquistado inúmeras vezes. Quando Israel conseguiu sua independência em 1948, muitos viram nisso a abertura da contagem regressiva para a batalha entre o Cristo e o Anticristo. Há quem, aludindo a terremotos e desastres naturais, anuncie que o fim do mundo está próximo. Para alguns, em 1988 tudo acabaria e agora nos dizem que isso ocorrerá em 2012, pois é quando termina o calendário maia.

William Miller, fazendeiro semi-analfabeto que se proclamou pregador, reviveu o movimento apocalíptico em 1831 ao prever o fim do mundo para o dia 22 de março de 1844. Tornou-se muito conhecido e milhares de fiéis o seguiam. Veio o 22 de março e nada de o mundo acabar; mas um seguidor explicou que William se esquecera de acrescentar o tempo da passagem de a.C. para d.C. e eles refizeram o cálculo, marcando a nova data para 22 de outubro de 1844. Mas esse dia veio e se foi, passando a ser chamado pelos milhares de seguidores de William de "o Grande Desapontamento". Alguns deles acabaram nas fileiras das Testemunhas de Jeová ou Adventistas do Sétimo Dia.

Hoje, ainda se cultivam fortes crenças apocalípticas em igrejas conservadoras e evangélicas que usam o Apocalipse como manual. Quase todo evangélico, quando abre a boca, fala no fim do mundo. Os bons serão recompensados quando Cristo voltar e os maus (pecadores) irão para o inferno (essa gente parece esquecer-se de que, nas palavras de Cristo, ninguém é capaz de prever o fim dos tempos). Os condenados serão aqueles que não aceitaram Cristo (mas, e as pessoas virtuosas que não são cristãs?). Os judeus serão perseguidos, a fome e os terremotos avassalarão o mundo e um terço da humanidade sucumbirá. (Isso parece uma reprodução do Holocausto, atitude não apenas discriminatória como fanática, preceituando um Deus que privilegia certos povos.) Os pregadores apocalípticos bradam que Satã destruirá a Terra, mas Cristo o enfrentará e vencerá, levando para o céu os crentes. Esse tipo de mensagem bem poderia ser difundida pelo Anticristo, pois está eivada de preconceito e fanatismo: só os cristãos serão salvos!

O Apocalipse também endossa o conceito cristão de inferno e julgamento final, que é exatamente o motivo pelo qual a Igreja primitiva o quis incluir na Bíblia. O inferno não foi considerado nem discutido até o aparecimento do Livro de Daniel, no Velho Testamento, um dos mais vigorosos escritos apocalípticos do judaísmo. Isso ocorreu porque muitos estudiosos e mesmo teólogos liberais concluíram que as pessoas estavam se afastando da religião ou lei judaica. Haveria maneira melhor de manter essas pessoas nas rédeas do que ameaçá-las com a tortura e a danação eternas? Até santo Santo Agostinho, na *Cidade de Deus*, condena praticamente todas as atividades sexuais porque elas, sem sombra de dúvida, nos mandarão para o inferno. É verdadeiramente de espantar, pois durante anos esse Agostinho infringiu todas as regras que pretendia impingir. E a tal ponto, reza a história, que sua mãe orou por trinta anos a fim de lhe obter a salvação da alma. O fato é interessante também porque, quando escreveu aquelas palavras, estava muito idoso e provavelmente não tinha mais forças para pecar sexualmente ou persistir em outros vícios.

Todas as grandes religiões falam em céu e inferno, mas de maneiras diversas. O termo judaico para inferno é *sheol*, uma espécie de lugar escuro onde o corpo e a alma ficarão morando provisoriamente até que o mundo acabe e o Dia do Juízo comece. Depois disso, as boas almas subirão ao céu. No islamismo, inferno é *jahannam* e céu, *jannah*. Dá-se ao Dia do Juízo o nome de *Qiyamah*, mas esse dia Alá pode determinar a qualquer hora. Os muçulmanos acreditam que as almas encaminhadas para o Jahannam (inferno) ficam por lá apenas algum tempo, dependendo da gravidade de seus pecados. Também acreditam num salvador chamado Mahdi que virá e, com a ajuda de Jesus Cristo, derrotará o ad-Basjal (uma espécie de Anticristo). O termo hindu para inferno é Naraka, que, no entanto, parece mais um estado de rebaixamento da alma. A alma se rebaixa em espiritualidade e evolução caso tenha cometido más ações; nessas circunstâncias, o karma entra em cena e a pessoa reencarnará numa casta ou forma inferior. Os hindus chamam o céu de Swarga, que por sua vez é um estado de promoção da alma, doravante dispensada de reencarnar.

Temos também o inferno de Dante na *Divina Comédia*, formado por nove esferas. Esse poema foi amplamente lido e usado pela Igreja como complemento da Bíblia. Historicamente, os missionários sempre recorreram ao medo do inferno para converter estrangeiros ou incrédulos. O inferno é uma arma mais poderosa que o céu, Deus ou Cristo, pois subjuga as massas ignaras com a ameaça de danação eterna caso não se juntem à Igreja.

A Igreja, compreendendo que semelhante ameaça era terrível demais, decidiu implementar o purgatório. Isso deu às pessoas uma espécie de pausa para respirar, a elas que antes não tinham outra opção a não ser ir diretamente para o inferno. A Igreja inventou também o limbo para os bebês não-batizados e os bons pagãos. Em parte alguma da Bíblia ouvimos falar em purgatório ou limbo; nem o texto judaico original os menciona.

Agora, com isso em mente, voltemos àquele João desconhecido que teve um sonho, o qual, por adequar-se muito bem ao tema do medo impingido pela Igreja primitiva e seus papas, encontrou um lugar na Bíblia. Eles ignoravam que um dia as pessoas ficariam mais esclarecidas e perceberiam que o Apocalipse não passa de um tratamento simbólico da política da época. Leitores cultos desse texto em geral acabam concluindo que seu autor era louco e seguramente precisava de ajuda.

Se considerarmos a Bíblia do ponto de vista histórico, veremos que todos esses livros, escritos em diferentes épocas por diferentes autores, são na verdade uma coletânea de contos, lendas e tradições que acabaram misturados num volume cheio de paradoxos e incoerências. Quase todos os textos bíblicos apresentam estilos diferentes, o que postula diferentes autores, e, como ninguém sabe quem os escreveu, conjetura-se muito a seu respeito e o modo como foram organizados.

Os primeiros cinco rolos de pergaminhos da Bíblia judaica, conhecidos como a Torá, são também os cinco primeiros livros do Velho Testamento, aparentemente os mais intactos e menos alterados. Afirma-se que foram escritos por Moisés ou pelo menos ditados por ele a um escriba atento às suas palavras. Estudei quase todas as versões da Bíblia (Douay-Rheims, rei James, Jerusalém, Lamsa, etc.) e notei que mesmo elas divergem quanto ao conteúdo e à interpretação. A inclusão do Apocalipse deveu-se provavelmente à necessidade, por parte dos antigos cristãos, de possuir sua própria literatura apocalíptica sem depender dos livros judaicos, que eram apocalípticos por natureza. Em minha opinião, ocorreu o mesmo que com o princípio de Paulo segundo o qual Cristo morreu na cruz para redimir nossos pecados. Embora, já o vimos, Paulo não houvesse conhecido nem ouvido Jesus, a Igreja primitiva acabou adotando em definitivo suas idéias como um evangelho. Acho isso espantoso, porquanto Jesus nunca disse que iria morrer para nossa redenção.

A lei canônica da Igreja católica estabeleceu ainda que ninguém subiu ao céu antes da morte de Cristo na cruz. Ou seja, Deus manteve as boas almas e mesmo os santos em alguma espécie de limbo até que ele expirasse na cruz, ou melhor ainda, ninguém poderia ir para o céu antes disso porque não era cristão na hora da morte. Como a humanidade chegou a aceitar semelhantes "leis" está fora do alcance de minha compreensão: é ilógico e humaniza Deus. Indo além, faz Jesus maior que nosso Criador.

Os Apócrifos, durante algum tempo, integraram os antigos ensinamentos da Igreja e da "Bíblia", como também outros escritos religiosos. Quando menos se esperava, seus autores, cujas obras eram consideradas fruto da inspiração divina e por isso mesmo ensinadas às massas, passaram a ser vistos como heréticos. Imagine-se o leitor voltando àquele tempo, no meio de um conclave dos primeiros chefes e bispos cristãos a discutir quais livros seriam incluídos na Bíblia — sob a presidência e o patrocínio de um imperador romano pagão!

O leitor certamente riria dessa situação ridícula se ela não fosse trágica. Trágica no sentido de que a humanidade se viu privada da visão autêntica de seu Deus. Trágica no sentido de que os homens não puderam conhecer o verdadeiro Jesus e seus ensinamentos. Trágica no sentido de que um imperador romano pagão tinha a última palavra nos debates da Igreja primitiva em torno da conversão a todo custo pelo medo. Trágica no sentido de que inúmeros escritos foram falsificados ou tidos por heréticos a fim de saciar a ânsia de poder e riqueza da Igreja. Trágico no sentido de que a humanidade, graças à influência eclesiástica, foi forçada a aceitar o dogma da mentira e do terror. Trágica no sentido de que as ações da Igreja protegeram segredos destinados a perpetuar um dos maiores embustes da história. E, acima de tudo, trágica no sentido de que os atuais ensinamentos religiosos apresentam um Deus a ser temido, pronto a julgar e a condenar pessoas à eternidade do inferno. Esse não é o verdadeiro Deus do amor e do perdão, onipotente e que jamais permitiria a uma de suas criaturas ser destruída ou padecer tormentos sem fim, como quer a fantasia religiosa do inferno.

Os homens forjaram uma concepção de Deus baseada em suas próprias imperfeições. Ele é o bem absoluto e seria completamente ilógico imaginá-lo perfeito para depois atribuir-lhe qualidades negativas como cólera e espírito vingativo, em conseqüência das quais se apressa em mandar as pessoas para o inferno. Todos devemos questionar nossas virtudes antes de condenar os semelhantes. Trava-se dentro de nós uma verdadeira batalha contra as tentações da negatividade que nos acossam diariamente.

CAPÍTULO 9

O Viajante Místico

Não senti medo algum ao escrever este livro. Mas também reconheci que, contando a verdade sobre Nosso Senhor Jesus Cristo, entraria em confronto direto com a doutrina cristã hoje acatada e, é claro, com as hierarquias e seguidores dessa doutrina. No entanto, se você ler o livro de coração aberto, verá que se trata de uma crença autêntica, desenvolvida não apenas a partir de anos e anos de pesquisa teológica, mas também da apreciação simples e racional de quem foi, o que fez e quanto realizou nosso amado Senhor.

Jesus Cristo era judeu e, como tal, seu público compreendia principalmente pessoas da fé judaica. Seus ensinamentos apresentavam, como seria de esperar, o tom das leis judaicas da época, mas eram de natureza tão universal que aproximavam povos de todos os credos. Lemos, por exemplo, em Mateus 22:36-40: "*Mestre, qual é o grande mandamento na lei? Respondeu-lhe Jesus: Amarás o Senhor, teu Deus, de todo o teu coração, e de toda a tua alma, e de todo o teu pensamento. Este é o grande e primeiro mandamento. O segundo, semelhante a este, é: Amarás o teu próximo como a ti mesmo. Desses dois mandamentos dependem toda a lei e os profetas"*. Percebemos que, aqui, ele fala a um doutor da lei judaica porque a resposta se enquadra perfeitamente nessa lei. No entanto, a resposta de Cristo é também uma resposta universal que se aplica a todo homem e a toda religião na face da Terra.

Se tomássemos esse ensinamento de Cristo pelo que ele vale e o aceitássemos do fundo do coração, eliminaríamos todo o fanatismo, ódio, crítica e condenação de nossos semelhantes. Ninguém mais perseguiria o próximo por questões étnicas ou raciais, crença ou opção sexual. É ato da maior hipocrisia pregar tais lições e, ao mesmo tempo, condenar e perseguir minorias étnicas, raciais, religiosas ou homossexuais. Vi, na televisão, o pretensamente famoso líder de uma igreja protestante vilipendiar os *gays* — líder que professava aceitar e pregar as palavras de Jesus Cristo. Ele evidentemente não segue o segundo grande mandamento que Jesus preconizou na citada passagem de Mateus. Esse tipo de gente é o que podemos considerar hipócrita em toda a extensão da palavra. Os hipócritas não praticam o que propalam, mas julgam, condenam e às vezes perseguem por ser essa a sua natureza.

Jesus disse muita coisa a respeito da hipocrisia nos quatro evangelhos. Se você substituir "escribas e fariseus" por "líderes religiosos", sejam quais forem, verá que os seguintes versículos em Mateus 23:1-28 são um ensinamento universal aplicável a todas as religiões: "*Então, falou Jesus à multidão e aos seus discípulos, dizendo: Na cadeira de Moisés, se assentaram os escribas e os fariseus. Fazei e guardai, pois, tudo quanto eles vos disserem, porém não os imi-*

teis nas suas obras; porque dizem e não fazem. Atam fardos pesados e difíceis de carregar e os põem sobre os ombros dos homens; entretanto, eles mesmos nem com o dedo querem movê-los. Praticam, porém, todas as obras com o fim de serem vistos dos homens; pois alargam os seus filactérios e alongam as suas franjas. Amam o primeiro lugar nos banquetes e as primeiras cadeiras nas sinagogas, as saudações nas praças e o serem chamados mestres pelos homens. Vós, porém, não sereis chamados mestres, porque um só é vosso Mestre, e vós todos sois irmãos. A ninguém sobre a terra chameis vosso pai; porque só um é vosso Pai, aquele que está nos céus. Nem sereis chamados guias, porque um só é vosso Guia, o Cristo. Mas o maior dentre vós será vosso servo. Quem a si mesmo se exaltar será humilhado; e quem a si mesmo se humilhar será exaltado. Ai de vós, escribas e fariseus, hipócritas!, porque fechais o reino dos céus diante dos homens; pois vós não entrais, nem deixais entrar os que estão entrando! Ai de vós, escribas e fariseus, hipócritas, porque devorais as casas das viúvas e, para o justificar, fazeis longas orações; por isso, sofrereis juízo mais severo! Ai de vós, escribas e fariseus, hipócritas, porque rodeais o mar e a terra para fazer um prosélito; e, uma vez feito, o tornais filho do inferno duas vezes mais do que vós! Ai de vós, guias cegos, que dizeis: Quem jurar pelo santuário, isso é nada; mas, se alguém jurar pelo ouro do santuário, fica obrigado pelo que jurou! Insensatos e cegos! Pois qual é maior: o ouro ou o santuário, que santifica o ouro? E dizeis: Quem jurar pelo altar, isso é nada; quem, porém, jurar pela oferta que está sobre o altar fica obrigado pelo que jurou. Cegos! Pois qual é maior: a oferta ou o altar que santifica a oferta? Portanto, quem jurar pelo altar jura por ele e por tudo o que sobre ele está. Quem jurar pelo san-

tuário jura por ele e por Aquele que nele habita. E quem jurar pelo céu jura pelo trono de Deus e por Aquele que no trono está sentado. Ai de vós, escribas e fariseus, hipócritas, porque dais o dízimo da hortelã, do endro e o cominho, e tendes negligenciado os preceitos mais importantes da lei, a justiça, a misericórdia e a fé; deveis, porém, fazer estas cousas, sem omitir aquelas. Guias cegos, que coais o mosquito e engolis o camelo! Ai de vós, escribas e fariseus, hipócritas, porque limpais o exterior do copo e do prato, mas estes, por dentro, estão cheios de rapina e intemperança! Fariseu cego, limpa primeiro o interior do copo, para que também o seu exterior fique limpo! Ai de vós, escribas e fariseus, hipócritas, porque sois semelhantes aos sepulcros caiados, que, por fora, se mostram belos, mas interiormente estão cheios de ossos de mortos e de toda a imundícia! Assim também vós exteriormente pareceis justos aos homens, mas, por dentro, estais cheios de hipocrisia e de iniqüidade".

A hipocrisia era um dos alvos favoritos de Jesus porque mente e engana. Deparamo-nos com ela, sob uma ou outra forma, ao longo da vida, mas não em tão alto grau quanto na esfera da religião. Quando uma religião apresenta um Deus cheio de amor e misericordioso, mas logo depois manda temê-lo por causa de sua cólera, isso é hipocrisia. Ou seja, mostrando um Deus amoroso, compassivo e perfeito, diz a verdade; mas de pronto a desmente afirmando que Deus é colérico, vingativo e propenso a condenar algumas de suas criaturas a um poço de tormentos, onde arderão para todo o sempre. Em pura lógica, não se pode ter um Deus compassivo e misericordioso que de súbito muda de idéia e não mostra nenhuma piedade ou afeto para com suas criaturas a quem, supostamente, deveria perdoar e amar.

Também somos hipócritas religiosos quando condenamos e julgamos os chamados "pecadores". Cada religião tem seu conceito de "pecado" e atribui aos pecados diferentes graus de gravidade. Há igrejas cristãs que chegam a condenar as seguintes atitudes: usar maquiagem, usar jóias, dançar, ver televisão, ir ao cinema, vestir biquíni, nadar em piscinas coletivas, jogar cartas, fumar, ouvir rock, deixar crescer a barba, beijar a namorada, saborear uma taça de vinho, ler outra versão da Bíblia que não a do rei James, beber café ou chá. Quando um adulto sensato percorre essa lista, não pode deixar de rir de tamanho ridículo; mas, para certas igrejas, quem pratica tais coisas é "pecador".

O pecado, como eu já disse, também é aferido por sua gravidade. Em certas religiões, o adultério feminino (o masculino não parece ser contemplado na maioria dos casos) acarreta a pena de morte. Em se tratando de mulheres, de um modo geral as infrações sexuais atraem o pior dos estigmas, enquanto os homens se safam com mais facilidade. Muitas igrejas conservadoras ainda consideram a mulher uma Jezabel em potencial, que seduz o macho com seus ardis femininos (portanto, nada de maquiagem, batom, jóias, biquínis, etc.). Em determinadas circunstâncias a mulher leva vantagem, como no assassinato, pelo qual o homem tem mais probabilidade de receber a pena de morte. O pecado, na religião, tem muito mais a ver com a moralidade do que com o crime, sobretudo na esfera sexual. As religiões supõem, cuido eu, que se controlarem a moral sexual, poderão controlar todo o resto.

Tive uma cliente que vinha me ver com freqüência. Era uma pessoa muito doce, dedicada, honesta, amável e, exteriormente, bonita e elegante. Era, também, uma prostituta de luxo. Quando, por inspiração psíquica, revelei-lhe o que ela fazia para viver, acenou afirmativamente e confessou gostar da profissão, a qual abandonaria logo que fizesse o seu pé-de-meia para se casar e, segundo esperava, ter dois filhos. Mostrava-se à vontade e despreocupada, e eu logo percebi o motivo: era uma boa pessoa. Muitas religiões a enforcariam na árvore mais próxima, com perdão da palavra, mas ela não estava prejudicando ninguém e até fazia trabalho voluntário num hospital local. Sempre detestei o termo "pecado" porque é muito subjetivo. A moral é geográfica e as mulheres, nas culturas primitivas, andam com os seios de fora e podem ter quantos maridos quiserem — ou vice-versa. Para elas essa é uma maneira tradicional de viver, que também não prejudica ninguém. Eu sempre disse que a única coisa a distinguir o pecador do não-pecador é o motivo. Se você pretende ferir ou lesar uma pessoa, os seus semelhantes, a fim de manter a ordem social, podem julgá-lo por intenção criminosa. Mas, no âmbito religioso, ninguém pode julgar a alma de ninguém: a questão é entre essa alma e Deus. Pessoalmente, não acredito no conceito de julgamento religioso porque Deus é amor e não prejudicaria nem puniria qualquer pessoa. Acredito que o único julgamento que passaremos será quando nós mesmos nos julgarmos no Outro Lado.

As grandes religiões, enfatizando a tendência humana ao "pecado", cuidam mais do mal que do bem. Em vez de realçar as boas obras que os homens podem e devem fazer, vivem constantemente lembrando seus fiéis dos males que eles perpetram e induzindo-os a sentir-se culpados. Em conseqüência dessa propaganda perversa, amparada em supostos Livros Sagrados cheios de incoerências e absurdos, que também enfatizam os erros da humanidade, nós somos aqui na Terra acossados por programações negativas. Não só nos obrigam a ver noticiários escabrosos na televisão ou ler reportagens deprimentes nos jornais como não recebemos nenhum consolo ou alívio de nossas religiões. Não admira que quase todas as pessoas estejam estressadas, dominadas pela culpa e fartas da vida. A religião não nos fortalece contra os desafios da vida e até os agrava por insistir sem parar em nossos pecados e culpa.

Quando meu editor me pediu para escrever o presente livro, esclareci que ele seria muito polêmico porque, graças a verdades e conhecimentos acumulados ao longo dos anos, minha visão real de Cristo seria radicalmente diversa da postura religiosa. Espero apenas, quer você concorde ou não, que ele o faça buscar sua própria espiritualidade e adquirir o verdadeiro sentido da natureza daquele homem divino. Seremos mesmo filhos e filhas de Deus? Claro que sim; mas, isso posto, Jesus há de ser também o mensageiro direto de Deus. Ele foi, digamos, o primeiro e o maior viajante místico.

Que são, exatamente, os viajantes místicos? Entidades criadas por Deus e perfeitas o bastante para disseminar a palavra do nosso Criador amantíssimo. Em geral, este os designa para determinado planeta, onde ajudam os habitantes a aprimorar suas almas. Nós também podemos ser viajantes místicos, mas nunca atingiremos (pelo menos não nesta vida) a estatura e a divindade de Jesus até que nossas almas alcancem um grau de perfeição capaz de justificar esse título. Muitos viajantes místicos, como foi o caso de Jesus, já foram criados perfeitos. Mas todos, criados assim ou chegados a essa condição por terem evoluído, fazem o juramento singelo de dedicar suas vidas ao serviço de Deus e ir a qualquer parte para praticar o bem conforme a prescrição divina.

Minha igreja cristã gnóstica, Novus Spiritus (Espírito Novo), foi fundada por acreditarmos que, realmente, todas as religiões têm seus mensageiros ou messias. O nosso é Jesus Cristo. De muitas maneiras Jesus, como nenhum outro, se revelou simples em sua pregação e ensinamentos; mas foi também o mais incompreendido, contestado e mal-interpretado entre os messias que vieram à Terra.

Como se deu — desfecho trágico — que os ensinamentos desse homem divino tenham sido tão corrompidos? Por meio de parábolas, ele ensinou o amor, a bem-aventurança, o perdão, a justiça e a tolerância, inaugurando o conceito de um Deus benevolente, compassivo e amoroso. Segundo a Bíblia, durante sua vida pública ele apenas percorreu um raio de mais ou menos 150 km — e ainda assim seus ensinamentos e influência se espalharam pela maior parte do mundo. O que ou quem acabou requisitando esses ensinamentos de amor, moldando-as numa religião, e pouco depois passou a chacinar milhões com suas guerras, cruzadas, inquisições e perseguições? Você sem dúvida sabe a resposta: a primitiva Igreja Católica. Mais horrores se perpetraram em nome do cristianismo do que no de todas as outras religiões juntas. Depois que ele se tornou a religião oficial do Império Romano, no século IV d.C., seu crescimento se deu aos saltos. Daí tamanho poder e corrupção.

O terno e dedicado mensageiro espiritual cujo nome é Jesus veio a um mundo talvez não tão ruim quanto o nosso, mas muito parecido. Um mundo com pobres e carentes, de um lado, e ricos e poderosos, de outro. Um mundo onde duas facções se digladiavam: o Império Romano e o Sinédrio, corpo governamental da lei e da religião judaicas.

Estou certa de que Jesus se comunicava diretamente com Deus, sem necessidade de intermediários. Minha guia, Francine, diz que ele sempre tinha uma multidão de anjos ao seu redor; e os ensinamentos que absorveu de seus mestres na lei judaica, quando menino, e de suas viagens ao Extremo Oriente também o ajudaram muito. Entretanto, sua verdadeira orientação vinha de Deus.

Certamente, como essênio e gnóstico, Jesus nos revelou que devemos enfrentar os desafios e tribulações da vida, inclusive os sofrimentos, a fim de aprender com eles e engrandecer nossas almas. Ele não veio para, morrendo, redimir nossos pecados (só Paulo e o Apocalipse, influenciado por ele, afirmam isso): veio para ensinar, curar e levar uma vida de acordo com a vontade de Deus. Apesar de Jesus ser poderoso, seu destino não lhe permitia agir de outro modo porque ele não era hipócrita e achava seus ensinamentos bem mais importantes que seu poder ou divindade. E, muito embora sua natureza divina transbordasse nos ensinamentos e nas mostras de poder, o fato de encarnar em forma humana acarretava toda sorte de fraquezas e emoções que todos nós exibimos ao vir para este plano chamado Terra. Ele, como nós, sucumbia à depressão, à ira, ao medo e aos outros sentimentos que todos experimentamos ao lutar contra o destino para mudá-lo. Tais emoções afloraram no episódio dos vendilhões do Templo, quando ficou encolerizado, do jardim de Getsêmani, quando cedeu ao medo, e da crucificação, quando se sentiu ansioso e desamparado a ponto de perguntar a Deus por que o abandonara.

Uma das controvérsias que sempre envolveram a figura de Cristo é se ele era divino ou não. Algumas pessoas afirmam que tudo não passa de um mito criado por cristãos e judeus, porquanto não existem referências históricas a essa personagem exceto nos escritos do Novo Testamento. Ressaltam que nenhum historiador da época menciona a existência de um homem chamado Jesus Cristo, e isso é verdade. Esperaríamos que grandes cronistas contemporâneos como Flávio Josefo o citassem em suas obras, mas eles não o citaram — para perplexidade de muitos estudiosos e historiadores modernos. Segundo Francine, isso ocorreu porque a vida pública de Cristo se confinou a uma área muito restrita e, embora ele atraísse grande número de judeus, nem todos o aceitaram como Messias ou Salvador por estarem irremediavelmente ligados à fé judaica, patrocinada pelo Sinédrio. Com efeito, se Cristo houvesse sido plenamente aceito pelos judeus, não existiria judaísmo hoje. A religião judaica já tinha uma longa história nos tempos de Cristo, de sorte que a força de sua tradição e fé anulou os novos ensinamentos de Jesus entre a vasta maioria do povo. Sim, ele contou com convertidos e seguidores, mas quase todos permaneceram leais à fé ancestral e se tornaram cristãos judeus. Convém lembrar também que, durante a vida pública de Cristo, nada que lembrasse a estrutura de uma igreja ou seita existia ainda. Os evangelhos exageram grandemente a influência de Jesus sobre a maior parte dos adeptos da fé judaica, à qual, bem ao contrário, os judeus queriam converter os seguidores de outras religiões. Por isso o mestre mandou os apóstolos pregar sua palavra em terras distantes.

Muitos dos cristãos judeus e alguns gnósticos também não acreditavam necessariamente na divindade de Cristo, sabendo que ele sobrevivera à crucificação e, portanto, não morrera nem ressuscitara. Outros o consideravam um grande profeta e mestre encarregado de uma mensagem de Deus, mas humano como eles próprios. Uma das figuras de destaque do cristianismo judaico em Jerusalém foi o irmão de Jesus, Tiago, que certamente não acreditava em sua divindade, mas o tinha por profeta e mensageiro cujos ensinamentos se dirigiam a todos. Paulo e alguns discípulos de Cristo é que enfatizaram a divindade do mestre. De início, espalharam oralmente histórias de seus milagres e idéias em sermões públicos. Só muitas décadas depois é que puseram essas histórias por escrito, mas afastando-se da verdade a fim de propagar a nova religião do cristianismo. Como sucede a todas as religiões, tendiam a exagerar as façanhas de seus heróis ou fundadores a fim de provar que a deles era melhor que as outras.

No livro *The Templar Revelation — Secret Guardians of the True Identity of Christ*, de Lynn Picknett e Clive Prince, vê-se um exemplo de como os gnósticos encaravam Cristo. Os autores falam de um médico, Bernard Raymond Fabré-Palaprat, que teria alegado sua autoridade da chamada "Carta de Larmenius". Johannes Marcus Larmenius alegava ter redigido essa patente em 1324. Foi nomeado chefe dos Cavaleiros Templários por aquele que se supõe ter sido o último grão-mestre da ordem, Jacques de Molay, queimado na fogueira em 1314 pela Igreja Católica e o rei de França, que tentavam destruir sua sociedade secreta. A patente, segundo se supõe, atesta a sobrevivência da ordem por conter as assinaturas de todos os chefes posteriores dos Cavaleiros Templários, dos quais Fabré-Palaprat era agora o grão-mestre. Este possuía também outro documento importante, intitulado *Levitikon*, que era uma versão do evangelho de João com flagrantes matizes gnósticos e fora escrito no século XI. Fabré-Palaprat usou o *Levitikon* como base para fundar a Igreja Joanita (os "cristãos originais") em Paris, no ano de 1828. O livro continha, sem dúvida, conceitos filosóficos dos Novos Templários.

O *Levitikon* consiste de duas partes. A primeira apresenta doutrinas religiosas que incluem os nove graus da Ordem dos Templários. A segunda é bem polêmica, pois contém o evangelho de João tal qual aparece, em grande parte, no Novo Testamento, mas omite trechos significativos e acrescenta outros bastante duvidosos. Todos os milagres de Cristo são eliminados, bem como certas referências a Pedro, inclusive a história em que Jesus diz: "Sobre esta pedra edificarei a minha igreja". Os dois últimos capítulos do evangelho original de João, referentes à ressurreição, também ficam de fora. Além disso, incluem-se escritos segundo os quais Jesus era um iniciado nos mistérios de Osíris, o grande deus egípcio da época, e transmitiu a seu discípulo João, "o Bem-amado", esses mistérios, doutrinas e conhecimentos. O texto diz também que Paulo e alguns outros apóstolos fundaram a Igreja Cristã, sem no entanto levar em conta as "verdadeiras" lições do mestre. Segundo Fabré-Palaprat, esses ensinamentos *secretos* transmitidos a João, o Bem-amado, influenciaram muito as crenças dos Cavaleiros Templários. O fato condiz com o que minha guia Francine afirma a respeito da iniciação de Jesus nos "antigos mistérios" egípcios, antes de iniciar sua vida pública.

Sempre me intrigou que tenhamos os escritos do cristianismo de um lado e, de outro, a coleção igualmente volumosa de textos dos gnósticos e dos cristãos judeus — que se contradizem de modo flagrante. Examinando esse material religioso, ficamos tão confusos diante de tantas interpretações, discrepâncias, omissões, contradições e embustes que, de cabeça quente, nos perguntamos quem estará sendo sincero. Mais: se a "verdade" foi ensinada pelo cristianismo, por que existem tantos adeptos de Jesus Cristo escrevendo contra as "verdades" cristãs? Se os adversários da "verdade" do cristianismo pertencessem a outras religiões, ainda entenderíamos sua atitude; mas as outras religiões não atacam tanto o cristianismo quanto as chamadas seitas "heréticas" constituídas por adeptos de Cristo. Ao longo da história, surgiram inúmeras sociedades secretas a proclamar que detinham o conhecimento oculto dos fatos autênticos da vida de Jesus e Maria Madalena. Algumas se tornaram tão influentes e poderosas que a Igreja Católica tentou suprimi-las de vez, aniquilando seus seguidores aos milhares.

Por que tantos cristãos se rebelaram contra os ensinamentos e dogmas da antiga Igreja Católica? Dar-se-ia o caso de que esses dogmas e ensinamentos estivessem baseados em mentiras sobre a morte e a ressurreição de Cristo, bem como sobre o seu verdadeiro relacionamento com Maria Madalena? Quando a verdade é revelada, surgem alguns detratores; mas a verdade é a verdade e não teríamos tantos milhares de cristãos combatendo os tais dogmas se eles fossem mesmo verdadeiros. Há algo de estranho em tudo isso ou, como gostam de dizer alguns, há algo de podre no reino da Dinamarca.

Tentei transmitir ao leitor a verdade tal qual a conheço. De novo, quer você acredite ou não no que digo, todos precisamos remontar não só ao cerne da fé, pois esta pode ser abalada pelo fato histórico, mas também à nossa certeza fundamental de que Cristo esteve neste mundo e andou entre nós. A mensagem de Jesus era simples. Complicou-se por causa da religião e da necessidade humana de modificá-la ou escamoteá-la em prol de interesses políticos e financeiros. Os estudiosos não sabem quem escreveu os quatro evangelhos canônicos, mas sem dúvida é seguro afirmar que a primitiva Igreja Católica os manipulou sem dó nem piedade, eliminando muitos outros evangelhos e livros que hoje chamamos de Apócrifos. Os textos omitidos continham informações verídicas importantes, que permaneceram longe dos olhos do público por séculos. Inúmeros ensinamentos de Cristo foram falseados, como os relativos à reencarnação e à verdadeira natureza de Deus. Outros tantos foram suprimidos, remanejados ou amplificados. O cristianismo pode hoje condenar um autor como Dan Brown por escrever uma obra de ficção, mas nunca condenou a si mesmo por ter redigido, em muitos casos, um relato fantástico sobre Jesus Cristo.

Assim, sempre trazendo Cristo como o Messias em nossos corações e almas, que atitude haveremos de tomar? Simples: continuaremos a amá-lo, compreendendo por que veio ao mundo. Conforme dissemos, Jesus realmente sobreviveu ao que a humanidade tentou fazer com ele. Sua divindade é real, como real foi sua ressurreição — apenas, esta ocorreu depois de sua morte verdadeira, aos 86 anos, como sucede a todos nós depois que morremos. Jesus não precisou morrer por nossos pecados nem veio ao mundo para isso: veio a fim de nos ensinar e nos transmitir o conhecimento do Criador, que nos ama a todos.

Devemos celebrar o Natal? Literalmente em nome de Deus, acho que sim — mas um Natal cheio de alegria autêntica e do significado real dessa data. Não importa o mês ou o dia da celebração, nem o que se diga sobre o lugar onde Jesus nasceu ou como nasceu. O fato incontestável é que ele desceu a este mundo, um mundo de trevas que, pelos últimos dois mil anos, vem enfrentando tempos difíceis e onde a humanidade tem sofrido, lutado, sobrevivido e morrido. Jesus acendeu uma lâmpada de esperança na vida futura; ensinou que o verdadeiro templo de Deus se ergue dentro de nossa alma e de nosso DNA, formados por um Criador amoroso. Também a Páscoa deve ser celebrada para não só renovar nossa crença em Jesus, mas também confirmar esse homem divino que deu afeto e propósito às nossas vidas, esclarecendo que estamos aqui para aprender e depois voltar ao lar, ao Outro Lado de onde viemos.

Francine me disse algo, há muito tempo, que só confidenciei aos meus grupos de pesquisa. Sabemos que, no Outro Lado, todos são felizes. Mas ela se lembrava de uma conferência proferida por nosso Senhor, que de lá fala ao mundo inteiro. No curso da palestra, ele confessou sem mágoa nem remorso, apenas encarando os fatos, que sabia o que iria acontecer após sua morte; mas esperava, pelo menos em sua parte humana, que a humanidade não transformasse suas lições singelas em instrumentos de poder e controle. Lamentou que as pessoas só se lembrassem de uma figura banhada em sangue, a expirar numa cruz[...] e não das boas obras, das curas, dos milagres e da compaixão de um Deus que é puro amor. Segundo Francine, Jesus acrescentou que os homens deveriam chegar, isso sim, ao conhecimento dos motivos pelos quais ele veio ao mundo e no mundo padeceu.

Portanto, o leitor pode muito bem usar ao pescoço uma cruz em honra a Cristo — não a que o mostra supliciado, mas a que o lembra vivo, alegre, feliz e sempre no meio de nós. Não há nada em mim de especial; sou a que relata, não a que edita. Só Deus é o editor. Repito: mais que em qualquer outro livro de minha autoria, senti neste a mão de Deus a guiar-me e foi como se, hesitando eu, ele me dissesse: "Não pare agora, vá em frente". E eu o fiz.

No próximo Natal reunirei meus familiares e vou lhes contar a verdadeira história desse homem divino, desse grande e glorioso Viajante Místico que veio trazer luz a um mundo mergulhado em trevas. Também vou recomendar-lhes, e a todos, que não comprem presentes comerciais, mas troquem coisas que eles próprios fizeram ou algo de muito especial. Em seguida, que saiam a confraternizar com aqueles que têm pouco. Talvez assim Jesus não haja vivido e morrido em vão; talvez assim suas palavras criem raízes e floresçam, em vez de cair no solo árido da nossa ignorância.

Nota

Com tantos pontos de vista a respeito da Bíblia, foi prudente recorrer a mais de uma interpretação. *A Vida Mística de Jesus* cita as traduções da Bíblia de Jerusalém e da Bíblia e Hinário Novo Cântico, traduzida para o português por João Ferreira de Almeida.